ISBN : 978-2-36122-021-1

Éditions Ibis Press
4, rue des Patriarches
75005 Paris
Tél. 01 43 71 28 87
Fax 01 43 71 22 85
www.ibispress.com

Conception graphique : Audrey Voydeville

Anne-Catherine Benchelah - Hildegard Bouziane
Marie Maka - Colette Ouahès

Fleurs du Sahara

Voyage ethnobotanique avec les Touaregs du Tassili

Préface de Théodore Monod

Deuxième édition revue et corrigée

IBIS PRESS

Table des matières

Préface

C'est très solennel le désert. Il faut y entrer avec respect. Aussi, les premières pages de cet ouvrage sont comme des pas. Elles s'ouvrent sur un récit où déplacements et pauses se mêlent. Elles invitent le lecteur à se rapprocher des nomades, à accéder à leur environnement austère, à connaître la place des plantes dans leur vie quotidienne et l'utilisation qu'ils en font.

Sous nos yeux, et la marche est propice à ce processus de reconnaissance, le Sahara apparaît aussi comme un espace privilégié. On y rencontre des vestiges de flores du temps du Sahara avant le désert, échappées à la dernière période humide, et des flores cosmopolite, méditerranéenne, voire tropicale.

C'est en raison de cette richesse inépuisable que je reviens au désert pour tenter d'ajouter quelques connaissances à celles qu'on possède déjà. Je suis heureux que d'autres prennent la relève et en témoignent ici, car toujours il importe d'aller à la rencontre de ce qui n'avait pas encore de nom pour nous et qui, soudain, est reconnu et acquiert une identité. Ainsi la découverte d'une plante dans une région, où l'on ne l'avait pas encore recensée, l'identification d'un niveau géologique, là où on ne l'attendait pas, tient en éveil ma curiosité. Tout comme les auteurs, il m'est arrivé de marcher dans un peuplement d'une seule graminée mais aussi de parcourir des kilomètres sans rencontrer une seule plante. C'est pourquoi la résistance des plantes m'intrigue toujours autant.

Il sera question dans ce volume des espèces herbacées et des arbrisseaux. Parmi les formations végétales connues, les auteurs exposent la très grande variété de plantes rencontrées au cours de périodes différentes, allant de la sécheresse la plus sévère à des moments de pluviosité importante et irrégulière.

Voici donc une initiation très vivante au Sahara en fleur pour le plus grand bonheur des amoureux du désert.

Théodore Monod

Remerciements

Nous tenons à associer tous ceux qui ont pris part à notre projet et l'ont suivi saison après saison au Tassili même. Que cela traduise le plaisir réciproque que nous avons eu à travailler ensemble.

Parmi ceux que nous nommons, certains sont de véritables spécialistes des plantes, d'autres ont des connaissances circonscrites à une zone ou encore ont été des informateurs ponctuels : Abdelli Madou, Abdouali Hosseïni, Abdouali Mohamed-Ali, Adammi Akhamok, Ag-Ahmed Mohamed, Ammari Driss, Ayoub El Hosseïni, Ayoub Ouarzaghan, Borgi Abdou, Bouhani Mohamed, Karadji Sid-Ali, Louatiti Yahya, Machar Ahmed, Machar Chibit bent Hamou, Machar Osman ben Aïssa, Machar Soughi, Machar Tagort bent Djebrine, la famille Ouanella, Osman Zohra, Tagabou Mohamed ben Barka, Zaki Abdennabi.

Nous remercions également ceux qui nous ont encouragées et conseillées : Beddiaf Mohamed, chercheur au Parc National du Tassili ; Ag-Sidiyene Ehya, chercheur au Museum d'Histoire Naturelle ; Ag-Soliman Alhassane, chercheur indépendant.

En l'absence de références incontestables sur la botanique de la région, des incertitudes subsistent, ce dont nos informateurs ne sont évidemment pas responsables.

Enfin, les auteurs et l'éditeur sont tout particulièrement reconnaissants à Monsieur Édouard Le Floc'h, du Centre de Phytologie et d'Écologie fonctionnelle (CNRS, Montpellier) pour sa lecture critique du manuscrit et pour son aimable contribution à la mise à jour de la nomenclature. Ils remercient également les professeurs Pierre Quezel et Fatiha Abdoun pour leurs remarques avisées qui ont permis d'améliorer cette édition.

Illizi
Tassili-n
O. Tasset
Iherir
Erg
Tihodaïne
Adrar
n - Ajjer
Dider
Bordj
el-Haouas
O. Assandi
Erg Ad
Vers Tamanrasset
Hoggar
(Ahaggar)
Alger
Algérie
Djanet
Mali
Niger
0
20
40

LIBYE
Ajjer
Akakus
Ghat
Meddak
In Itinen
Séfar
Tamrit
Djanet
Jabbaren
O. Edjrew
Tadrart
Erg Ti-n Merzuga
O. Arrikine
Tiska
O. In Djaren
Tenere
100

Avant-propos

D'ordinaire le voyageur ne fait guère cas de la végétation si rare dans le désert. Quelques touffes sèches ou arbres isolés paraissent presque incongrus et ne retiennent l'attention que le temps de s'étonner de leur capacité à résister. Mais si on a la chance de parcourir ces espaces quatre ou cinq semaines après la pluie, on est stupéfait de la soudaine richesse en plantes. Alors, on veut comprendre, on veut connaître… Autre chose également incite à approfondir le sujet : c'est l'intérêt évident que portent tous les habitants de ces lieux, nomades ou oasiens, à leur flore, intérêt qu'ils font volontiers partager.
Ayant eu la chance de parcourir l'extrême sud-est du Sahara algérien, le Tassili-n-Ajjer et la région de Djanet, pendant la sécheresse comme après la pluie, en compagnie de guides grands connaisseurs des plantes, nous avons désiré rassembler les informations recueillies sur place. Plus tard en bibliothèque, nous avons été confrontées à l'extrême diversité de la documentation éparse, souvent contradictoire.
Cet ouvrage s'adresse à tous les esprits curieux ou épris du désert, à ceux qui partent vers le Tassili-n-Ajjer, l'Ahaggar ou d'autres régions du Sahara, nigérien ou libyen par exemple. Débutant par le récit « Sur les pistes du Tassili », il propose des informations scientifiques complémentaires puis des fiches descriptives des espèces observées.

Avertissement

La présence de végétation tient du miracle dans un environnement aussi hostile que le désert. Ce livre cherche à faire connaître les plantes, les fleurs, à en souligner l'intérêt. Mais il nous faut insister sur leur fragilité. On doit donc veiller à ne pas les détruire. De larges zones du Sahara central sont d'ailleurs protégées et le Parc National du Tassili, qui est inscrit sur la liste du Patrimoine mondial (Unesco) et a été classé Réserve de biosphère (MAB), couvre la totalité du Tassili-n-Ajjer : cueillette et récolte de végétaux y sont interdites.

Sur les pistes du Tassili

Voyage ethnobotanique avec les Touaregs du Sahara algérien

par Anne-Catherine Benchelah

Nous voici sur cette terre du désert dont nous désirons partager l'énigme. Nos yeux tentent de repérer une limite à l'immense parenthèse que la courbe du ciel et du sol esquisse.

Au temps de *tafsit*. Nous marchons dans cet espace minéral au milieu des pierres gravées d'appels. Dans le royaume du vent, *tafsit*, le printemps. Sous la plante de nos pieds dorment les semences. Dans nos rêves des promesses.

Premier voyage, l'aéroport de Djanet est déjà loin derrière nous. Premier repère, l'incontournable Mont Tiska, à l'ouest la fin de l'Erg Admer et plus au sud le début du Ténéré.

Mont Tiska pour aller vers la Tadrart.

Oued Amaïs, oued Tanawt, espace d'une platitude assurée sur plus de deux cents kilomètres, le repère de Téretit et le plateau d'Imaharhaten. Il arrive que les oueds portent les noms de la végétation que leurs sols accueillent. Ainsi l'oued Indjaren est l'oued aux *adjaren*. Cet arbre pousse parmi les roches des montagnes alentour. Parfois aussi un même oued au débit irrégulier peut avoir plusieurs noms selon les régions qu'il traverse.

La piste caillouteuse, rocailleuse, est entourée de rochers. Le paysage austère. De couleur blanchâtre, grisâtre. Puis surviennent les dunes dont l'ensoleillement en cette fin de journée ravive l'environnement sévère.

L'Oued Indjaren

Après le Passage des Géants, Tamesgida et ses arches imaginaires, ses colonnes de roches, sa coupole de vent et de lumière. Au pays de l'extrême, dans ce « pays ancien qui ne date pas d'hier » règne le chaos. Naissance et changement. La roche accouche du sable depuis des millénaires. Toute une journée à Moul Naga. Des plantes surgissent des pentes des rochers gréseux qui retiennent dans leurs fissures encore un peu d'humidité. Dans la région, les nomades racontent qu'il n'a pas plu depuis plus de cinq ans.

Aujourd'hui la Tadrart offre un spectacle de sécheresse impressionnant. Tout au long de la piste, rencontre de squelettes desséchés, appartenant autant au règne animal qu'au règne végétal. Puis de temps à autre des souches d'*afăssur*, vivace, connue pour résister longtemps à la sécheresse, quelquefois plusieurs années jusqu'aux premières pluies encore hypothétiques mais qu'importe, en touffes ou en souches, l'*afăssur* reste un bon pâturage pour tous les animaux. Des boules couleur coquille d'oeuf et de grosseur variable roulent sous nos pieds. Ce sont les coloquintes, les fruits d'*alkăḍ*.

La Tadrart est bien connue pour ses rupestres, nous découvrons le site aux éléphants. Un troupeau de dix éléphants immortalisés dans la roche. Beauté des traits sur le grès. Affleurement de ces grands animaux qui ont passé le temps. Apparition d'un rêve qui fut réalité. Aujourd'hui, expression singulière de ces pachydermes autrement présents au désert. Rappel de ce temps où le Sahara fut une savane verdoyante.

Le cirque d'In Wa-n-agen laisse filtrer des tons de sable variés, larges bandes tissées, beige, miel, safran, au bord des pistes. Les couleurs ocre jaune et ocre rouge habillent les hauteurs.

Toutes les plantes qui composent l'*akasa*, c'est-à-dire celles qui forment rapidement un tapis végétal après la pluie, poussent aussi dans la Tadrart en des périodes plus arrosées. Aujourd'hui, on ne trouve que la jusquiame séchée sur pied.

Des montagnes à l'aspect feuilleté, parce que les roches apparaissent disposées en couches horizontales, effets des tassements des matières schisteuses, argileuses. De violents écarts de température et l'érosion ont provoqué, en d'autres temps climatiques, l'éclatement de la roche à la verticale. Paysage de parois à vif, de rochers érodés, d'éboulis partout. La roche soulevée, bouleversée, fracassée. Nos pas compressent encore le sable. La peau de la roche comme une toile de maître se teinte de rose, vert pâle, orange ou bleu et parfois des peintures abstraites se sont naturellement formées.

Des traces de mouvements circulaires, des niveaux inscrits dans ces masses gréseuses rappellent tantôt la présence d'anciens lits d'oueds, tantôt un type d'érosion propre à cette région, à une certaine époque de la vie de la Terre.

Des pierres par milliers. Et souvent, cette sensation de traverser plusieurs déserts de roches… de pierres éclatées… de grès… de sable dont le grain est de grosseur variable. Il n'est plus que reliefs isolés, ce massif démantelé du Tassili auquel se rattache la Tadrart. Dans un espace mal défini et comme issu d'un autre temps, des formes étranges se détachent des sables.

Nous marchons dans l'éclatement de la matière, dans le fractionnement de la lumière, dans l'ondoiement des plantes rares, dans le vent invisible. Le regard ocre, rouge, blanc, violet. Le regard devenu esclave des couleurs se perd dans les sables au loin. Le sable rose roux joue sur les lignes bleues des nuées.

Sur la piste, présence renouvelée de l'arbre magique, le *Calotropis* avec ses fleurs pulpeuses. Épanouissement de pétales violet et blanc dans le paysage aride. Couleurs attirantes de la fleur. Il n'est pas recommandé d'en couper une branche et de porter la main aux yeux, une goutte de son latex peut troubler la vue. Par contre le bois de *Calotropis* est d'un usage courant. C'est donc avec beaucoup de précaution que l'arbre doit être taillé.

Les dunes dessinent une série de dépressions et de saillies et, dans leur subtile mobilité, s'émeuvent en courbes douces. Ces dunes longues et rondes, lisses et floues sont des ondes au regard de celui qui passe. Les dunes montent à l'assaut de tours rocheuses, de châteaux forts pris dans les sables. Les montagnes sont devenues sableuses. Les lignes de crête des dunes s'enfuient en lacets vers le ciel.

Le moula-moula suit notre caravane. C'est l'oiseau porte-bonheur qui vole de campement en campement. Le traquet à tête blanche et aux ailes noires, au ventre de duvet blanc. Court sur les rochers le lézard bleu…

Nous marchons sur des plaques d'argile, nous nous penchons comme autrefois d'autres hommes sur cette terre d'où émergent des tessons

de poterie aux motifs nid d'abeille, sur cette terre argileuse qui retient les secrets d'un autre temps. En ces lieux où les hommes s'établirent, en ces lieux où les hommes rêvèrent.
Puis les dunes hautes, de plus en plus impressionnantes. Des rides sur les dunes comme des portées de musique où se faufilent des filets rouille, présence de fer.
Quelquefois il nous semble reconnaître dans la roche des particules d'or, inclusion d'éclats de miroirs. Ces micro-lésions racontent l'accomplissement d'une érosion constante.

La grande dune de Tin Merzuga

Sur la plus haute dune, quelques plantes sèches, l'*aghămmud*, l'*alămmoẓ*. Avec le vent léger les tiges tournent autour du pied et dessinent une circonférence. L'heure se lit ainsi sur la dune. La plante a naturellement conçu un cadran solaire ! Et peu après le passage du soleil au zénith, quand l'ombre d'une tige verticale commence à tourner franchement vers l'est, c'est l'heure d'*egharewal*... L'*alămmoẓ* pousse entre les plaines et les lits des vallées bouleversées par les crues. Avec ses tiges fines et piquantes quand elles sèchent, il résiste de un à deux ans après la pluie et reste un pâturage très apprécié des animaux. Par extension, l'*alămmoẓ* peut désigner le pâturage sec à la différence de l'*akasa*.

La plus haute dune est une dune qui gronde, on entend nos pas résonner. Les nomades racontent que les dunes parlent la nuit, qu'elles aussi jouent du *tindé*. Puis regard circulaire après l'épreuve de la montée. Regard lointain à perte de vue sur les dunes plus modestes qui constituent l'extraordinaire paysage.

Mouvements du vent. Formes en mouvement. Paysage mouvant. Formation des dunes. D'où vient le sable ? Porté, transporté, déporté, toujours en déplacement. La dune bouge. D'une année sur l'autre, quelques écarts dans sa position sont perceptibles. Entre les dunes moins imposantes que celles de Tin Merzuga, de vastes plaques d'argile se sont formées. Plus loin, sculptés par la nature, des fantômes de pierre, hommes de garde aux têtes hirsutes à jamais pétrifiées. Animaux fabuleux de Bohadien. Boule hérissée sur le roc de Tekanassyt, hérisson en *tamahaq*.

Sur la piste d'Indjaren, l'oued Telafazu est ce lieu-dit où poussait l'*afăẓu* car autrefois son sol lui était hospitalier. Aujourd'hui seulement quelques touffes jaunies et sèches pointent dans le lit de l'oued.

Nous marchons dans un paysage de dunes jaune âpre, parsemées de graminées aux tiges d'un vert électrique, la *tullult*, seule plante qui pour l'heure conserve une couleur vive. Certainement que dans le ciel quelques petits nuages ont dispersé une pluie fine et bénéfique sur cette partie de la Tadrart. Il suffit d'un peu d'humidité pour que la plante reverdisse aussitôt.

Non loin de l'arche d'In Téhaq, les roches exposent des excavations, des fentes creusées par l'action conjointe de l'eau et du vent. Dans cet univers minéral, pas de plantes… seule la brûlure du soleil et l'austérité des roches s'imposent. Nous allons vers Wan Zawaten, les roches y sont rugueuses et leur peau épaisse présente des cicatrices multiples, entaillées et souvent surmontées d'un couvercle de roc parmi les dunes rougeoyantes. Puis sur la piste l'*akaraba* aux racines pivotantes, qu'on appelle aussi Rose de Jericho. Ses rameaux courts, presque osseux, ressemblent à de petites mains en prière qui retiennent les graines que le vent dissémine.

Au milieu d'une vallée, un acacia, désolé. Torturé par la soif, il tient debout, opposant à l'ardeur du soleil ses épines d'argent. Autour de l'arbre tourne son ombre. Puis rien. L'ombre disparaît et laisse le sol jonché de crottes de chameau. Plus loin l'*ĕğela*, séché sur pied. Après la pluie, des tapis d'*ĕğela* recouvrent cette région, raconte notre guide, pour qui la plante est un bon pâturage. En fait ce n'est qu'après des pluies très abondantes que cette annuelle revit pour s'installer ensuite et résister à l'aridité des lieux.

Dégradation lente de la lumière ou rapide, selon l'heure. L'imperceptible lueur du soir qui vient se précisait, quand nous le vîmes prendre son ami par la main pour lui dire : « Regarde l'étoile qui touche la dune ! » C'était l'heure d'*amendar*, l'heure de la chute du jour. Puis il a construit le feu. Il a fait un trou dans le sable, posé des broussailles, des épineux par dessus et des morceaux de bois. Du bois mort d'acacia. Et il a allumé le feu. Nous avons observé la flamme brûler les premières brindilles, mordre très vite les épineux et s'attaquer aux morceaux de bois.

Ainsi a commencé la veillée. Nous nous posons dans la chaleur et dans la lumière, en communion avec la nuit qui s'infiltre dans les roches, dans le sable et rafraîchit les très rares plantes alentour. C'est dans la soirée que nous écoutons contes et légendes, que nous apprenons l'existence de la gazelle qui se métamorphose en personne. La nuit est là et le feu… dans un creux de sable. Ce creux protège du vent pour que le feu survive. Ce creux est une des significations de l'*emaghawel* ou l'*ebawel* dans la tradition touarègue. Le feu nous rassemble, nous tient réunis, nous préserve de la solitude alentour. Au loin l'*essuf*, l'inconnu, le non domestiqué. Le silence et le froid, là où les esprits s'agitent.

Au désert, la beauté d'une étoile, dans le ciel qui nous protège, est comme la beauté d'un grain de sable. Elle vient de loin. D'une mort depuis si longtemps annoncée. Et la lumière des roches qui se désagrègent, depuis des milliers d'années, se régénère dans ces particules de sable nourries de soleil. Le poète Edmond Jabès a dit en contemplant le désert : « Toute la mémoire du monde est dans un grain de sable ».

Mais qui se souvient de cet autre poète qui remontait le temps avec les étoiles et lorsqu'il pointait Orion, se demandait : « Suis-je sous le signe de Toutankhamon ? » Sous quels signes multiples et éloignés dans le temps, sommes-nous installés autour de ce foyer de lumière, dans la nuit saharienne, avec ces milliers d'étoiles au-dessus de nos têtes ? Toute la nuit pour rêver…

Du songe de la nuit naît le petit jour. C'est le temps de l'*ihokhaken*, cet espace de temps assez court qui commence avec l'apparition de la première lueur et finit avec le moment où l'on voit clairement les objets. Les hommes se lèvent. Comme les plantes se tournent vers le soleil, tandis que la tête au ras du sol, nous observons la naissance de la lumière, tandis qu'une ombre flamant rose caresse les empreintes de la vie nocturne. Tout autour du campement, des traces. Sous la surface du sol des poissons de sable, les *illidjen*, ont chassé les insectes en ondulant à la manière d'un poisson dans l'eau. Des pas en forme de tulipe, les pas de chameaux. Griffures, signes de stylets, pointes accentuées selon l'animal. Gerboise, chacal, lapin, âne, lézard ou serpent, corbeau ou moula-moula. Chacun signe sa présence de noctambule du désert. Dans la blancheur de l'air, les voix premières sont portées de dune en dune. Déjà à peine s'entend le bruissement des mouches.

On dit que lorsque certaines étoiles parmi lesquelles les constellations des Pléiades, *Shet Ahad*, d'Orion, *Amanar*, disparaissent quelque temps, au printemps, vers le mois d'avril… on dit qu'elles sont tombées à cause du vent et qu'il va pleuvoir… Elles reviendront début juin… et on attend la pluie. C'est une croyance qui semblait se réaliser régulièrement avant la grande sécheresse de 1973, du temps où il pleuvait si bien que des roseaux poussaient alentour dans l'oued *Edjarew*. Les enfants de Djanet imaginaient la mer à la vue de l'oued aux jours de grande crue, et le mot même signifie une grande étendue d'eau à perte de vue.

Après la pluie, l'Akasa

C'est au mois d'avril, au temps d'*ibri*, que nous reviendrons… Certes il n'avait pas plu depuis si longtemps. N'avions-nous pas entendu que s'il pleuvait de manière régulière pendant vingt- quatre heures et plus, l'herbe abondante apparaîtrait à nouveau ? Un jour, il a plu tout un après-midi et toute la nuit. L'oued a coulé. L'oued a débordé. Dans les cours de sable, au coeur des maisons de terre, on entend les bruits de l'eau. On entend les flots couler. Et c'est étrange, ce roucoulement de l'eau qui court.

Appel du désert, nous retrouvons donc les lieux, désireux de connaître cette vie nouvelle que la pluie a favorisée. Et le temps a passé, l'oued a pris ses aises puis s'est asséché. À Djanet nous sentons que quelque chose a changé. L'air peut-être. L'air embaume d'une senteur de *téharağğălé* plus fraîchement qu'avant. Le parfum de cette armoise réputé tonique, nous enivre. De gros buissons peuplent le lit de l'oued investi. Bien que délaissée par les animaux, la *téharağğălé* reste encore l'objet d'échange et de commerce et les oasiens du nord l'utilisent pour soulager les troubles gastriques. À Djanet, les mères confectionnent de petits nouets dans lesquels elles introduisent de la poudre d'armoise et de *wa n-téfriwen* qu'elles placent aux poignets des enfants afin de les protéger des djenoun.

Dans l'après-midi nous gagnons Tarén. Le vent souffle, brutal, par intervalles. L'*esabar*, paravent végétal d'*afăẓu*, est installé pour nous soustraire aux rafales. Le feu crépite. Chants et rythmes sur les bidons nous honorent. C'est le *tindé* de notre retour. Si *tindé* est le nom du mortier de bois dans lequel on pile traditionnellement le mil ou les dattes et sur lequel on tend une peau de chèvre, c'est aussi le mot utilisé pour désigner l'instrument qui marque le rythme et les soirées entre amis où l'un chante en solo accompagné d'un choeur et des battements de mains de l'assemblée des femmes et des enfants. Ahmed, toujours accompagné de sa flûte de métal qu'il avait confectionnée devant nous lors d'un précédent séjour, rappelle à notre mémoire des airs qu'il jouait il n'y a pas si longtemps encore. Dans la soirée, le vent tombe. Nous dormirons tôt, car demain, nous avons rendez- vous avec le désert en fleurs.

Timrass dans les fleurs

Au matin Timrass, les dents de la montagne découpent dans le ciel leurs roches fichées en terre. La chaleur est intense. Partout des plantes habitent la dune, se cachent dans le relief, épousent les flancs des roches, quelquefois forment des touffes de verdure imposantes.

L'*aghămmud* aux chaumes dressés dans le vent pousse très vite après *ikasaten*, le temps des premières pluies, et couvre d'un tapis de plumets argentés les champs de sable. Nous marchons… Sur le parcours, un arbre, le *Maerua*, revêtu de petites feuilles vertes parmi lesquelles s'animent des fleurs blanches. Nos yeux captent les couleurs délicates des plantes du désert. C'est le mot prairie qui nous vient à l'esprit pour caractériser aujourd'hui ces champs de sable tapissés de plantes herbacées dont certaines représentent un excellent pâturage. Les dunes vibrent de verdure. Plus loin, des objets laissés comme abandonnés sous un acacia. Posés là et non pas oubliés. Ils reviendront ceux qui ont fait confiance au vent. Dans les pâtures sont installées les tentes.

Souvent les femmes et les jeunes filles à tour de rôle accompagnent les chèvres. Les hommes s'occupent des troupeaux de chameaux qui les portent loin dans le désert.

La *ténăsmimt* à la consonance rafraîchissante nous éblouit. On la trouve souvent blottie entre des pierres au bas des parois rocheuses. S'élevant de bouquets touffus, ses fleurs disposées en grappes se colorent de rouge vif ou de rose. Ses feuilles charnues et tendres sont appréciées des nomades qui les mangent comme de la salade pour leur goût acidulé. C'est l'oseille du désert !

Au cours de la marche, nous restons perplexes devant la profusion de fleurs jaunes, aux prises avec des confusions faciles, qui de *aynăsnis*, *amayu*, *takkélt*, est la plus jaune, la plus ouverte, la plus efficace ? Les nomades tentent de nous rassurer en effectuant un classement mais brouillent les pistes quand ils repèrent la *tamăyut*.

D'*aynăsnis* nous retenons l'arôme particulier. Ses tiges sont frêles et ses fleurs regroupées éclairent d'un jaune vif. L'*amayu* présente des rameaux assez ligneux et chaque fleur, aux pétales jaune d'or, est entourée de feuilles allongées qui la dépassent. Elle préfère les terrains argileux. La *tamăyut* serait à peine plus petite et aurait la même odeur mais la position de la fleur sur les tiges diffère. La *takkélt*, par contre, est une plante de faible hauteur, ses tiges légèrement couchées se redressent aux extrémités, sa fleur plus petite est jaune.

Au loin nous apercevons une caravane se diriger vers des lieux inconnus, par-delà les dunes, au-delà de l'horizon. En contre-jour des plans de montagnes et de dunes, se détachent les plantes fragiles qui brillent dans la lumière du jour qui fuit. Cette fin de journée, c'est le temps de l'*almez*, cette partie du jour un peu avant que le soleil ne se couche, avant que l'horizon n'ait avalé le soleil. Le mot même signifie avaler en *tamahaq*.

Bivouac à ln Aluku. Demain sera un autre jour. A In Muruden, dans le sable, non loin des roches, le bel *abăllanğaḍ*, fleur dans la fleur, longue et effilée, se dresse comme mèche tressée et prend l'allure de chandelle, il résiste à la sécheresse, dit-on, entre six à huit mois après la pluie. L'ingestion régulière de ses graines pilées favoriserait l'embonpoint.

Nous abordons un long couloir de roches. Paysage sur fond de montagnes qui se détachent à peine de l'horizon. Toujours ce voile de chaleur. Dévoilement au gré des pas sur la piste des pasteurs. Au loin des petits enfants trottinent derrière une femme qui porte l'*aleshu* sur une robe fleurie aux couleurs vives. Il y a des nébuleuses sur son voile noir brodé de motifs blancs très délicats, qui ressemblent à des étoiles filantes. Parfois l'*aleshu* des femmes touarègues évoque un ciel étoilé.
Des tentes, une ou deux, plusieurs alentour. Ce lieu de bon pâturage attire les nomades. L'*abayogh* est l'outre pourvoyeuse d'eau fraîche, accrochée aux branches d'un arbre, à l'ombre. La piste court, nos traces s'inscrivent au sol parmi les empreintes des animaux, parmi les pas de ces hommes et de ces femmes nomades. Ils vivent confiants dans le jour, enveloppés du tissu du temps propre à un espace si vaste. Sans autre limite que l'horizon blanc. Nous posons là nos pieds sur la mousse de la mémoire, sur la surface de souvenirs pulvérisés. Sur les traces de nos pères, de ces hommes d'antan qui nous léguèrent l'humanité.

Passage par Asasu, par les méandres et les détours, une plaine se dégage pour aller vers Telafazu. Nous poursuivons notre chemin. La *ténăsmimt* colore les roches. Le paysage rougeoie. À profusion, partout des buissons d'*aftaẓẓăn* secs reverdissent parfois sur le même pied. Les animaux broutent l'*aftaẓẓăn* et ses fruits semblables à des pois chiches. Les chameaux ne redoutent pas ses épines tout aussi spectaculaires, pour un non-initié, que celles de l'acacia dont ils raffolent.

L'*Afăẓu*

Dans l'oued Telafazu pousse l'*afăẓu* et se pratique la récolte de la plante comme, entre autres lieux, Ammelek, In Abarbar. Plus au nord, l'*afăẓu* pousse partout et représente une matière végétale d'une exceptionnelle richesse. Les nomades en font de multiples usages. La plupart du temps, ce sont les femmes et les petits enfants qui le ramassent.

Il faut bien choisir l'*afăẓu*, le cueillir quand il est mûr, sec mais pas trop non plus car il doit rester souple. Il arrive que les hommes participent à sa récolte quand c'est urgent. Ses tiges sont employées au tressage d'une longue natte, l'*esabar*, véritable muret végétal interne posé entre le sol et le vélum, destiné à organiser l'espace privé de la tente. Autrefois, ses graines comestibles étaient récoltées pour la préparation de bouillies. L'usage en est plus épisodique maintenant, mais il revient avec la période de sécheresse.

Nous marchons sur des kilomètres dans une sorte de vallée où l'oued a formé son lit. Une piste s'est concrétisée. Partout des touffes de végétation, quelques acacias reverdissent. Parmi les épines longues et blanches, des pousses vertes mêlées imposent leur présence. Des chameaux que l'on a coutume de laisser libres, quoiqu'entravés sur le pâturage, mangent des jeunes pousses d'acacia.

Plus loin, ils répondent à l'injonction d'*arasu*, le *Calligonum*, dont les fruits jaune tendre un peu cotonneux, flottent parmi les branches rameuses des buissons. « *Ar* » c'est « ouvre » en *tamahaq* et « *asu* », « bois », « ouvre et bois ! » semble dire la plante qui contient de l'eau et représente pour eux un excellent pâturage.
Au pied des roches, on devine la présence de la *témăkărkéẓt* d'aspect laineux et aux fleurs fines et laiteuses, qui s'organisent en épis vers le haut des tiges. Les feuilles pilées sont encore utilisées comme savon. On rencontre quelquefois en buissons côte à côte *ténăsmimt* et *témăkărkéẓt*.

Un chien couleur alezan court et se confond avec le sable. A nos pieds s'étirent les tiges rampantes d'*alkăḍ* aux grandes feuilles bien découpées, pointent de-ci de-là ses fleurs aux pétales jaune tendre. Disséminées tout autour, les coloquintes, fruits entiers séchés. Pour soigner une blessure, on prenait le fruit de la coloquinte, on le posait bouilli et ouvert sur la blessure pour la désinfecter. Cette pratique, quoique moins courante de nos jours, existe encore.

Au cours de cette marche… depuis longtemps le silence dont un fervent du désert nous avait confié n'avoir ressenti une texture similaire qu'en Laponie. Le silence se mêle aux éléments, au sable. Souvent dans la journée, nous éprouvions cette curieuse impression de crever légèrement un voile impalpable, de couleur ambre, dans lequel nos corps évoluaient. Voile de soufre qui semblait émaner du sol sur lequel nos pieds s'enfonçaient quand nous progressions lentement.

Souvent, assis sur les dunes, nous observions le sourire du désert dans ces milliers de petites fleurs qui aujourd'hui portent un nom pour nous. Ces multitudes d'*almaruğăt* aux pétales couleur de pierres précieuses, ces champs d'*aynăsnis* jaune, les reflets argentés *d'alămmoẓ*. Comment ne pas être tenté de rester dans la contemplation des plantes, de fleurs aussi fragiles qu'*aẓrăn* qui, ce jour, ressemblait à un papillon sur le point de s'envoler et dont les feuilles délicates allaient se déployer ? C'était donc un jour où la plante avait été pour partie broutée. On confond parfois ses petites fleurs roses avec les fleurs d'*oẓma* qui pousse en terrains rocailleux.

La vie circule entre les plantes, les animaux et les hommes. Dans ce cycle naturel, comme les plantes, nous sommes périssables, éphémères. Dans le désert nous sommes pris dans le travail de l'érosion. Les lieux, ici, sont investis d'une énergie discrètement présente et obstinée. Des traces partout de cette présence cachée, de cette vie qui se protège d'elle-même, de sa force et de sa faiblesse.

Puis Tiwaytateren et pour projet le lendemain, la retraite du Sultan Amud, un des héros de la résistance touarègue à l'occupation étrangère. A l'entrée de la grotte d'une agréable fraîcheur fleurit l'*ahléwăn*, une cistanche jaune, d'autres plus loin émergent des sables. Elles sont encore en fleur. Les nomades en pratiquent la récolte occasionnellement et leurs jeunes pousses sont cuites sous le sable chaud ou sous la cendre. Cette plante parasite est bonne quand elle pousse sur la *tullult*, meilleure sur l'*arasu*, amère et un peu salée, sur le tamaris. Elle est connue pour soigner les maux d'estomac. Pilée, transformée en galette cuite, elle est mangée accompagnée de beurre de chèvre. Ce traitement de trois jours constitue un excellent désinfectant intestinal selon les guides.

Bivouac à Tilalén mais retour sur Tiwaytateren pour contempler un coucher de soleil. À observer le ravissement qui s'empare des nomades eux-mêmes, on sait que toute tentative de transcription de cet événement est plus ou moins vouée à l'échec.

Ce soir là était-il plus exceptionnel que d'autres ? D'aucuns l'ont vécu ainsi. Le sable s'embrasait. Nuances d'orange et d'abricot sur les roches de teintes rouges. Une lumière cuivrée impressionnait le paysage pour un temps très court. Un silence d'or et d'argent. Puis l'astre a sombré. Ainsi la soirée allait commencer. Comme le veut la tradition, sur l'aire du campement nous avons rassemblé les crottes de chameaux, excellent combustible, pour dresser un feu dont les fumigations allaient chasser les mouches. Tilalén tinte à nos oreilles. Serait-ce le frôlement du vent, le chant de son souffle par intermittence ? Une musique dans les dunes. Sensation d'apaisement total.

Dormir sur un tapis d'Almaruğăt

Parfois au cours de la même journée, certains d'entre nous éprouvaient une sensation étrange. Désir de rester couchés à terre, au ras de l'*akasa*. De dormir sur un tapis d'*almaruğăt* dont les fleurs confèrent à la dune un aspect précieux. Ses pétales couleur d'améthyste illuminent le paysage. Marche dans un long canyon avant d'arriver à Tikobawén. Solitude et chaleur intense imprègnent les corps. Pause à l'ombre d'un *telokat* dans le lit de l'oued, ce ficus est un figuier sauvage. Son arôme embaume l'atmosphère. Par endroit, nous remarquons l'extrême finesse des grains de sable. Les femmes auraient coutume de recueillir ce sable réservé à la toilette du nouveau-né, et particulièrement adapté à la douceur de sa peau.

L'un de nous s'attendrit devant un papillon aux ailes tachetées de marron, qui butine. Trop peu d'oiseaux ou trop peu de papillons pour participer à la dissémination des graines mais le vent est là pour y suppléer.

De méandres en méandres, dans l'oued envahi de végétation, surgissent d'un buisson touffu d'*arasu*, une, deux, trois cistanches dressées d'où s'étiolent lentement des pétales jaunes. En continuant le chemin, un peu plus loin, là à gauche et à droite, en face s'ouvre l'aire de Tikobawén. Les roches y sont des sabres plantés en terre. *Takoba* signifie épée. Nous gagne ici la mémoire de ces guerriers touaregs qui ayant trouvé la mort dans des combats d'honneur n'ont pas eu besoin d'être enterrés, car le champ de l'au-delà leur était directement acquis. C'est ainsi que ces hommes étaient abandonnés sur les lieux mêmes du combat ou bien « placés dans des failles de rochers ou sous des abris sommaires de pierres »[1]. Tikobawen ravive par son nom et sa configuration la mémoire de ces hommes.

---

1. H. Claudot-Hawad, *Les Touaregs, portrait en fragments*, Edisud 1993.

De Tuya à Assandilen

Non loin, l'arche s'élève majestueuse. Par-delà les chemins de dunes et de plaques rocheuses, nous nous dirigeons vers la guelta Tuya dont l'eau entretient avec le ciel des reflets de basin* bleu. De grandes traces sur le sable marquent les niveaux de l'eau qui s'évapore. La grève descend doucement, par paliers. Désormais entre sable et roches, des plantes à profusion ont jailli. Éclosion de bouquets. La guelta Tuya nous rend euphoriques. L'*azăzăğă* familière des terrains rocailleux s'incruste. Ses pétales presque ovales, mauves et blancs, éclairent l'environnement. Et c'est ainsi que pour illustrer la présence déplacée d'une personne dans une réunion, on déclare : « *ma i tawayan, azăzăğă s edjadé* » ou « qu'est ce qui amène un *azăzăğă* sur les dunes ? ». Ainsi il prolifère dans les dépressions argilo-sableuses et les zones inondables. Excellent pâturage, il est particulièrement recherché par les chamelles. De plus ses feuilles bouillies à l'eau entrent dans la composition de sauce de légumes au repas.

Tout autour la *ténăsmimt* dont on mâche les feuilles pour calmer la soif. L'*alwăt*, aux larges feuilles vert bleu comme des feuilles de chou et dont les fleurs jaillissent couleur lilas. C'est un bon pâturage. Certains chants de *tindé* vantent encore les qualités des plantes telles qu'*alwăt*, *adrîlal* ou *oẓma*. Et promettre à ses chameaux quelques jours de marche pour gagner ces pâturages n'est pas rare !

Pause thé, le temps des trois thés. Les Touaregs jouent à *tiddas* ou à *dara*. L'échiquier se compose de dix-huit trous sur deux côtés. Ils jouent avec des cailloux ou des crottes de chameaux. Pendant tout ce temps, l'un d'entre eux s'investit forgeron. En un temps record, il fabrique une bague en cuivre. Il l'offrira marquée de son empreinte personnelle.

---

* Étoffe damassée

Sur le flanc de Tikobawén, nous allons parcourir une des étendues de massifs montagneux qui surplombe un paysage étonnant de pitons, de châteaux, de mamelons. Tilalén au loin. On entend le hululement du vent.

Au désert, la transparence de l'air déshydraté fausse l'évaluation des distances. On cherche des repères. Oued All, le paysage se rétrécit, la montée devient pénible. Dans les sables, non loin des rochers, découverte de buissons de *tikmazzutén* velus et laineux dont les feuilles sont encore très appréciées pour le thé et que les animaux aiment brouter. D'un amas de roches surgit la fleur du *téfăryast*, énorme boule hérissée d'épines fines et longues. Ce chardon au surnom de *tan sennanen* ou « celle des épines » est une gâterie que s'octroie l'un de nos guides. Il en ôte les épines et en mange le cœur. Serait-ce l'artichaut du Tassili ?

Grande marche dans l'oued All. Parmi les éboulis de roches, les *tiknutin* sont des pierres superposées qui jalonnent les pistes chamelières et informent les nomades sur le chemin à suivre.

Assandilen, rochers, bastions, hérauts de grès. Des têtes de héros légendaires pétrifiées dominent l'oued et l'oasis alentour. Il y a quelques mois il a plu. Beaucoup plu. Le paysage en a été complètement transformé. L'oued en crue a arraché les racines de tamaris qui gisent maintenant à nu sur de faibles monticules. Retrouvailles avec des familles nomades rencontrées auparavant. Leurs tentes témoignent d'un processus de sédentarisation. De plus ces tentes ne sont plus à proprement parler de confection traditionnelle, car la coutume voulait qu'elles soient conçues d'une quarantaine de peaux de mouflons et de chèvres. Aujourd'hui elles ne sont qu'en partie confectionnées de peaux et souvent des bâches complètent le vélum…

À deux ou trois kilomètres, d'autres nomades sont installés dans les *ikebran*, en arabe les zéribas, dont la construction rappelle celles du canyon d'Ihérir, situées bien au-delà de la cuvette de Dider. Ces maisons rondes, construites de pierres sèches entassées les unes sur les autres et sans liant, sont recouvertes d'un toit de feuilles de typha. Un puits tout proche. Un troupeau de chèvres important avec son abri.

L'oasis d'Assandilen est formée dans le fond de l'oued autour de deux gueltas. Non loin, les vestiges d'une habitation, familière à d'autres latitudes. Elle est ouverte à la végétation qui pousse partout, exubérante et sans frein. Son occupant a disparu depuis longtemps, parti regagner sa terre, une autre terre. Mais il a laissé ce vestige de lui-même, quelque chose de l'ordre d'un rêve vécu pour un temps. Et tout autour des figuiers sauvages, des lauriers roses, des palmiers, un oranger.

Dans l'oued Assandilen, les sifflements stridents des mouches lacèrent le silence. Touffes de *tahănna* aux petites fleurs blanches exemptes de trouble, *tahănna* « la tranquille » appréciée du petit bétail. La *tasuyyé*, excellent pâturage, est recherchée des chamelles, et ses fleurs d'un jaune lumineux se distinguent en leur centre d'un point marron. La *takkélt* pousse en solitaire, peu de temps après la pluie et occupe le lit de l'oued qui s'assèche lentement. Les chèvres la broutent et ses feuilles séchées sont bonnes en infusion.

Nous redécouvrons un lieu, Wan El Betiyetin, peuplé de buissons de Calligonum, excellent pâturage pour les chameaux pendant la *tafsit* et dont les racines sèches sont bonnes pour le feu. La montagne rocheuse se couvre de verdure. À Tin Achaguédi, dans ce lieu où il y a la tombe d'Achaguédi, celui qui venait d'Achagued. Selon la population, une ville de Mauritanie qui serait peut être Chingueti déformée par l'usage, on trouve l'*aššăngaḍéḍ* qui pousse dans le sable, prostrée, non loin des cuvettes asséchées au fond argileux. À l'horizon, l'erg Admer et ses dunes roses. Une vingtaine de chameaux courent vers les dunes, confondent leur élan avec le souffle du vent.

Vent de sable

Plus tard, nous irons à Tadjlah Ekrar. Le désert apparaît encore comme une immense prairie de sable où a germé une grande variété de plantes. Nous vivons cette période bénie où la végétation est tendre et particulièrement appréciée des animaux. Et l'*akasa* représente aussi ce pâturage frais qui pousse après la pluie et résiste deux à trois mois environ. Mais quelles plantes classer dans l'*akasa* ? *Alwăt*, *tanăkfayt*, *almaruğăr*, *aghămmud*, *éğela*, *agharărăm* excellent pâturage pour les chameaux et les ânes. De même *aẓrăn*, *aynăsnis*, *ânfăl*, *takkélt*, prisés des ânes et des chèvres. On dit que l'*ahléwăn* est un festin pour les chacals et les fennecs. Par contre *aginăs*, *aftaẓẓăn*, *aḍrîlal*, *alămmoz*, *afăẓu*, *téharağğălé*, *timẓar*, *sasaf*, *tamadunt* et *abăllanğaḍ* résistent très longtemps, des mois, voire des années après la pluie et constitue un pâturage de réserve.

Tadjlah Ekrar : sept heures du matin. Échanges de mots en *tamahaq* et en arabe sur le bienfait de cet endroit, sur l'excellence du pâturage. Car certaines plantes rencontrées ici n'existent pas ailleurs. L'*aginăs*, par exemple, a attiré Yahia et ses quelques chameaux. La plante est encore fraîche, avec ses teintes vert argenté. On voit partout ses nombreux rameaux blanchâtres étalés sur le sol. Mais l'*aginăs* est aussi considéré comme un bon pâturage sec.

Plus de quarante bêtes broutent dans l'*akasa*. Il y a là un magnifique troupeau de chèvres, boucs, béliers. De petits chevreaux suivent distraits, les boucs se disputent avec les béliers, des combats commencent pour cesser très vite. Puis des grognements et l'agressivité tombe. Les bêtes se taisent. Elles paissent. De temps à autre, on entend des onomatopées, des *trutt*, *trutt*, des cris gutturaux en signe de ralliement, lancés par la jeune bergère pour conduire son troupeau vers la guelta. Elle entre dans le canyon. Les chèvres courent. Le chemin tortueux, inquiétant, étroit, se profile le long des très hautes parois rocheuses. C'est à peine si nous voyons le ciel à certains endroits. Nous apprenons que le vent de sable guette depuis longtemps déjà.

Le vent de sable ne saurait tarder, il vient à notre rencontre… Quand ? Nous ne le savons pas. Nous ne pouvons que sentir le début indicible de son emprise. Dans le défilé l'air est de plus en plus chaud, de plus en plus étouffant. Les bêtes semblent divaguer d'une paroi à l'autre mais broutent sans se soucier du danger qui nous guette, s'arrêtent tout à leurs aises. Elles se disputent, tandis que les chevreaux rêvassent et tout d'un coup s'affolent. Nous passons dans l'étranglement des couloirs du canyon, qui de temps en temps s'élargit, repoussant par là même l'impressionnante pression des roches. Cela fait plusieurs jours que le vent de sable s'installe dans la journée, gagnant chaque jour une heure supplémentaire et là maintenant, alors qu'il n'est que onze heures du matin, des vagues de sable, légères comme du plumetis, s'élèvent par moments de ce sol morcelé à l'excès.

La corvée d'eau

Le chemin à parcourir est difficile car le sable est mou. Nous marchons dans les méandres de l'oued asséché depuis peu puisque la dernière pluie remonte à quelques mois. Enfin nous arrivons à l'*agelmam*. Au bord de la guelta la bergère emplit un seau d'eau qu'elle verse dans un baquet en fer blanc destiné aux chèvres. Elle répète ce geste plusieurs fois jusqu'à ce que toutes les chèvres du troupeau aient bu. Jamais elle ne les a laissé approcher de la réserve d'eau. Très vite les chèvres repues errent alentour.

Nous nous asseyons à l'ombre d'un laurier rose et regardons toute cette agitation en cet endroit un peu magique à mi-chemin entre paradis et enfer. Il est midi. Le soleil brûle incandescent en ces lieux où les roches semblent s'enchevêtrer les unes dans les autres. L'air mêlé de particules de poussières de sable devient irrespirable. D'autres couloirs se forment au départ de la guelta, lieu de rencontre pour les nomades qui mènent leurs bêtes se désaltérer et viennent puiser leur provision d'eau, laver leur linge, échanger des nouvelles.

L'*agelmam* représente un espace creux, une grande vasque entre la roche et le sable où l'eau s'est déposée. Réservoir naturel de pluies mêlées quelquefois au suintement de la roche. L'eau y est toujours fraîche, utilisée aussi bien pour l'alimentation des hommes que pour les bêtes.

Tout autour la végétation explose. L'eau, le soleil y contribuent. Régénération continuelle, mais déjà dans certains endroits, les feuilles brûlent. Le vent de sable s'engouffre plus violemment encore dans le canyon et maintenant nous marchons à contre-courant pour en sortir. Les yeux piquent. Nous accompagnons l'âne, de chaque côté, veillant à son chargement de bidons remplis d'eau.

La marche est lente dans cette atmosphère. Au campement où nous sommes invités, nous déchargeons l'âne de son équipement si lourd et si précieux. Puis il sera entravé non loin de nous. Nous lui donnons tout de suite à boire et à manger quelques gâteries, comme des noyaux de dattes. On nous propose une boisson traditionnelle, rafraîchissante, l'*eghelé*, à base de dattes pilées, de fromage de chèvre très sec et réduit en poudre, le tout mélangé à du petit lait et de l'eau. Pendant tout ce temps où nous avons participé à la corvée de l'eau, on nous a préparé une tagella, ce pain qu'en ce jour les femmes auront pétri. Il a cuit dans le sable chaud et la braise. Puis il a été émietté et arrosé d'une sauce onctueuse avec un peu de légumes.

Prise dans les tourbillons de sable avec les bêtes, dans l'étroitesse du canyon, la bergère revient, fatiguée. Elle boit et se repose un temps. Yahia est là. Pendant notre absence, il était allé surveiller ses chameaux qui pâturent non loin. Il en possède cinq. Il est venu à Tadjlah Ekrar parce que, ici, le pacage est bon pour les chameaux, l'herbe contient plus d'eau, dit-il. Yahia nous explique que son campement est à une journée de marche, à In Asasu où il a laissé sa famille. Avec ses chameaux, il effectue des kilomètres dans le désert à la recherche de meilleurs pâturages. En fait, il sait toujours qu'il trouvera quelques cousins ou amis qui campent avec leurs propres troupeaux et lui offriront l'hospitalité. Le désert n'est pas vraiment une terre d'errance. Les hommes y circulent selon des trajets très étudiés, en fonction toujours de l'eau, des puits, des pâturages.

Vient le temps du repas que nous allons prendre dans le vent de sable dont nous nous protégeons avec difficulté. Nous sommes assis avec les enfants autour d'une cuvette en émail qui contient le repas, la cuiller de chacun posée sur le plat. Quand nous sentons que nous sommes enfin rassasiés, nous plantons notre cuiller dans le sable. Nous passons le quart de l'un à autre. La soif nous prend, dans la chaleur l'étouffement pourrait nous guetter. Après le repas, la sieste, tandis que le vent de sable souffle par rafales et se fait plus pressant, plus intolérant, plus implacable.

Dans l'après-midi, nous nous réveillons, assommés par la touffeur et le vent. Dans un voile de sable nous apercevons l'homme serein, ce vieillard vêtu de blanc tient dans ses mains une bouilloire et quelques morceaux de bois, d'épineux pour le thé de seize heures. Une belle ponctualité au désert.

Tindé dans la tempête

Du haut de l'endroit où nous avons trouvé refuge, nous contemplons l'horizon variant ses couleurs dans les tons blanc, gris, ocre gris, sombre, ombre, autant de formes qui se créent et se fondent les unes dans les autres, se meuvent, s'estompent et réapparaissent. Ce sont maintenant des vagues de sable enlevées par le vent qui déferlent dans le passage où les nomades ont installé leur campement. Rouleaux qui roulent violemment dans le canyon où l'on entend la rage du vent qui heurte les roches.

Il n'y a rien à faire. Il n'y a qu'à observer l'impressionnant événement. Cette tempête est phénoménale… Elle dure depuis plus de trois jours. Quatrième jour de la tempête et pour combien de temps encore ? Chaque jour, la toile de fond du paysage change. De même que selon l'heure de la journée, le décor offre des figures mouvantes éclairées par l'ardeur plus ou moins forte du soleil, le vent de sable s'étoffe comme un tissu de bure qui flotte. Beaucoup plus qu'une brume, qu'un mince voile de lin, il est épais comme un brouillard intense. On ne voit plus rien à l'horizon. Plus rien. Plus d'horizon. Si ce n'est cette tenture de laine rousse mouvante et sombre devant nos yeux !

Les vagues de sable soulèvent le sol friable. Soulèvent ce sable à l'assaut des hauteurs qui nous entourent. Le sable et le vent érodent sous nos yeux la roche, par le frottement incessant de ses risées brûlantes. Ainsi ce large couloir qui était, trois heures plus tôt, un espace jonché de fleurs, apparaît maintenant comme un fleuve en colère qui charrie des masses minérales. Des rafales emportent tout sur leur passage, bouts de bois morts, tissus déchirés, pierres concassées et aussi pollen, graines, crottes séchées. Les plantes ploient sous la violence du vent. Les arbres esseulés dans cet univers aride se tordent mais résistent.

Les femmes proposent de chanter dans le vent. Elles prennent les bidons et entonnent un *tindé*. Le chant calme. Il pleut un peu, et on espère qu'il va pleuvoir encore davantage pour le pâturage. On espère aussi qu'il ne s'agira pas d'une pluie brûlante qui assèche les plantes. Nous chantons. Les enfants répètent les refrains. Nous écoutons les voix des femmes, les voix des enfants pris dans cet océan de lumière, dans cet enfer de sable aujourd'hui. Les voix exhalées des poumons, du ventre, du cœur, transmuent la peur et sculptent l'air expiré. Des sons fragiles, le cristal de leurs voix vibre.

La tempête tombe peu à peu. Le troupeau de chèvres regroupé est déjà à l'abri pour la nuit sur la hauteur. Les hommes savent ici plus qu'ailleurs qu'il n'y a rien à faire contre la tourmente, la sécheresse ou tout autre calamité, quand ils sont aux prises avec les catastrophes naturelles si ce n'est tenter toujours de se protéger. Ils évaluent avec une grande justesse et sans affolement le dérèglement provisoire de la nature.

Dans la soirée, pendant que le dîner cuit doucement, le petit Ahmed étendu par terre, non loin du feu, et tout près de son grand père, regarde les chèvres dont les ombres projetées dansent sur les roches. Il rêve…
Le couscous est prêt, présenté avec des légumes et quelques morceaux de viande en notre honneur. Il est délicieux. Nous buvons souvent. Nous sommes asséchés. Le vent nous a râpé la gorge. Étendus de côté, face au feu, épuisés, nous écoutons les voix crépiter dans la braise. Dans la pénombre qui nous enveloppe les voix sont comme des lueurs, des passerelles entre les époques lointaines et le temps d'aujourd'hui. Le vent soufflera toute la nuit transportant le sable.

Au matin tout va bien au premier regard hors du sac de couchage. Les montagnes sont en place, bien à portée de vue, tout comme la veille. Les touffes de plantes toujours vivantes. Les oiseaux qui chantent rassurent sur la pureté de l'air. Le matin est clair. Le sable change de couleur avec l'heure du jour. Actuellement au temps de l'aurore, il est jaune pâle, presque nacré. Il sera ocre dans l'après-midi et rose le soir. Les changements de couleurs sont souvent encore plus subtils.

Pause à Djanet

Autre séjour… À notre arrivée à Djanet dans l'après-midi, nous constatons que la route est encore en réparation, qu'elle a été à nouveau fortement endommagée lors de la dernière crue de l'oued Edjerew. La route est coupée en plusieurs endroits. Quand le soir viendra, nous nous égarerons dans les ruelles étroites du vieux ksar d'Azzalouaz quand la pierre ocre aura laissé les rayons du soleil s'infiltrer dans les pores de sa peau rugueuse. Puis assis sur les murets des maisons d'argile, nous contemplerons le paysage de la palmeraie qui s'écoule dans la vallée où s'est nidifiée cette oasis.

Les voix des enfants montent des jardins. Le ksar bâti sur une hauteur réunit maintenant les plus anciennes maisons en pierre et en argile autour d'une mosquée émouvante de simplicité et de pureté de ligne.

En contrebas, les maisons plus récentes assurent l'assise du ksar pour s'ouvrir sur la palmeraie. Le lien avec le ciel s'entretient grâce à la mosquée blanchie à la chaux qui surplombe cet ensemble fragile.

À perte de vue la montagne baigne dans une lumière argileuse. Les voiles du crépuscule enveloppent les chants des oiseaux. Quelques hirondelles tournoient dans le ciel. Des tourterelles roucoulent encore. Puis plus rien. Le jour s'apaise. On entend une porte qui grince. Des voix de femmes. Une brise à peine transporte comme un baume des odeurs de repas. Au loin des clameurs…Elles proviennent du stade où les jeunes disputent avec ardeur un match. Djanet contre Touggourt.

Avec lenteur, des hommes vont gravir les marches de terre vers l'humble mosquée. Vers la mosquée fière dont l'origine se perd dans la mémoire des anciens.

À l'heure de la prière du soir. De toutes parts, de tous les minarets, les voix des muezzins orchestrent la prière. Comme une polyphonie sur une portée de musique s'accrochent les voix où se placent les notes pour chanter tous les attributs de l'Ineffable. Sur plus de vingt kilomètres. Des ksour alentour, des villages, les voix se font écho. Les ondes amplifient ce choeur improvisé de In Abarbar, Azzalouaz, Tin Khatma, El Mihan, Aghoum, Adjahil, Ifferi.

Instant de bonheur pour les bêtes, les chameaux, les hommes, les plantes. Après l'incantation, les fidèles s'éloignent de la mosquée calmement.

Nous sommes maintenant dans l'enchantement des voix. Des tissus flous flottent et frôlent les murs. D'une maison à l'autre les enfants jouent. La douceur des lieux, la liquidité de l'air. La nuit se boit dans la lumière de bois brûlé. En cette fin de journée, les teintes naturelles se mélangent. Nous mêmes sommes pénétrés du travail de la couleur.

Sur le chemin du retour, nous croiserons des femmes à la démarche légèrement chaloupée. Elles portent sur leurs têtes des charges de branchages verts, des ballots de provisions. Elles sont toujours vêtues de l'*aleshu* et d'une immense robe qu'elles portent pour sortir et dont le tissu, à rayures vertes ou blanches, brille.

À l'horizon rougeoie une lande de ciel. L'astre du soleil s'enfonce jusqu'à devenir un trait de lumière. Le soleil de soie se noie dans des eaux de couleur ocre et terre. L'air s'allège-t-il encore ? L'air froid illumine le ciel. Plus loin. Plus haut encore la nuit s'installe mauve lilas. Dans l'oued, la nuit lilas imprègne le sable. Une fumée s'élève, quelque part un feu se consume lentement.

La course de chameaux

À Zawatanlaz, Bordj El Haouas, une course de chameaux est annoncée. Tous les jeunes hommes s'y préparent. Un chameau, blanc de préférence, à fière allure, un alezan qui court plus vite que le vent ! Pourquoi pas ? Et qui ne désarçonne pas son équipier. Sinon, honte sur lui pour la vie ou presque. Cette course est d'une importance extrême. Les propriétaires de troupeaux ont leurs favoris. Un prix sera décerné au premier et au dernier. Pour le dernier, une botte de fourrage. Pour le premier, de l'argent.

L'atmosphère est un peu tendue, car El Hosseini hésite à courir. Il prête son chameau à la course mais n'a pas encore décidé de s'y investir totalement. Il est inquiet, indécis, mesurant intérieurement ses chances de réussite. Il se refuse absolument à tout déshonneur. Il nous conduit vers le lieu des réjouissances.

D'oued en oued, le chemin est tracé pour gagner Zawatanlaz au nord-ouest. L'oued Asasu, le premier oued, longe au loin la falaise du Tassili. Nous passerons par l'oued All, l'oued Assandilen, l'oued Sersuf, l'oued Tanagh, l'oued Waghéghen. À gauche, à l'ouest, l'erg Admer. Tazat, la montagne que l'on voit de très loin. Et à droite, Youfasawad, qu'en parler touareg on traduit par « mieux que la vue » pour exprimer la beauté de cette autre montagne plus proche.

Nous traverserons ces oueds qui descendent du Plateau et coupent la piste. Ces oueds souvent bien dessinés par la végétation qui les occupe. Ils ont un débit assez important en période de crue et deviennent parfois des torrents. La violence de leurs flots va jusqu'à provoquer la formation de nappes d'eau dans le creux des dunes qu'ils bouleversent, favorisant ainsi la création d'un microclimat. Après la pluie très vite une végétation prolifère. Les oiseaux viennent boire dans les cuvettes qui conservent l'eau parfois jusqu'à deux ou trois mois avant de s'assécher.

À Assandilen où la piste est coupée, deux bras d'oueds s'entrecroisent. Une profusion de *tanăkfayt* dont les feuilles se mangent bouillies ou en salade et qui n'est autre que la roquette. La *tullult* au pied de monticules de sable. Des buissons d'*arasu*. Nous passons Takenet, Tissadamarin, l'oued Tananet porte le nom d'une femme. Partout le même spectacle de racines arrachées, surélevées, emportées par la crue. Sur la route, aux abords de l'oued Sersuf, deux petites montagnes que, dans un éclat de rire, nous entendons appeler Ifafan Tahedt « les seins d'ânesse ». Puis Tin Aîkaren, les rochers taillés en forme de chiots.

Le soir, au coin du feu, le fil des histoires de mémoire d'hommes se déroule inlassablement. Dans la nuit, le cri du hibou, les ânes se disputent. Peut être le léger crissement des pas d'on ne sait qui, venant

d'on ne sait où. Le vent souffle doucement. Puis le vent se tapit dans un coin de tamaris. Il ne souffle plus sur nos têtes. Il semble se poser comme un oiseau sur la branche et ne reste pas longtemps apaisé. Il murmure déjà, il bruite, il beugle, puis il reviendra au galop parcourir l'espace qui ne peut lui résister. Tard dans la nuit, très tard, il se taira enfin.

Au matin, nous continuons la route vers Bordj El Haouas. Silhouette sinueuse des montagnes. Voici le lieu-dit des guépards à Tinmuyas. Non loin du lieu où la course va se jouer, nous serpentons dans un endroit où des touffes de *aṭṭa* ont investi l'espace. Beaucoup d'*aftaẓẓăn*, à moitié séché, à moitié verdoyant comme souvent. À une centaine de mètres, se réjouissent les fleurs d'*amayu*. L'ombre des tamaris et des acacias nous protège pour la pause.

Maintenant ils vont courir sur plusieurs kilomètres, dix, quinze. Ils sont tous là les futurs concurrents, recevant les derniers conseils. El Hosseini a renoncé à la course. Il a laissé cette charge à son cousin, plus jeune, fier, heureux d'une telle opportunité. Ils sont tous là les chameaux. Belle palette de couleurs. Du roux au blanc, *atlar, ezeréf, abhaou, ebeideg, emengel, eberim, ezegger.* Ils portent quelquefois le nom de la couleur de leur robe, acajou clair, argenté, crème foncé, blanc, gris souris, jaune paille, roux. Des bandes de nuances de couleurs. Le ciel bleu, les roches ocres, le sable blanc, beige, rosé, les chèches, les robes et les voiles, les *tekamest*, les *aleshu*.

Après la course, c'est la fête. L'heureux gagnant entame la danse des chameaux suivi des autres chameliers experts. Ils font la ronde et tournoient autour d'un parterre joyeux de femmes et d'enfants. Tous assis, ils jouent du *tindé* et rythment leurs chants avec des battements de mains.

Zawatanlaz, quelques maisons, un stade, une école, une ville qui émerge. Des fils électriques, des tuyaux partout. Quelques ruelles. Une ville en construction en plein désert. Signe de l'énergie des hommes à s'organiser dans ce lieu livré aux vents, appelé les tamaris de la faim, nom qui caractérise bien son caractère inhospitalier puisque même les tamaris y souffrent de la faim.

La Tullult

Au retour, la silhouette des montagnes qui entourent l'oued All. Tufgheih, un groupement de petites montagnes. Beaucoup de tamaris, de monticules de sable, de creux et de racines dégagées, bonnes pour le feu. Une butte, une dune et de la végétation. Touffes de *tullult* à profusion. On en confectionne des cordes. L'art de tresser des cordes et de faire des noeuds est essentiel pour survivre chez les nomades. Il n'y a pas si longtemps encore nous avions croisé des caravaniers dont les chameaux étaient chargés de *tullult*, fourrage de réserve pour les troupeaux. Dans le passé, les graines de *ullul* ont nourri les populations, actuellement cette utilisation est plus rare. Si dans la région de Djanet et à Iherir les *ikebran* sont confectionnés avec le *tahlé*, la *tullult* est plus couramment utilisée pour réaliser les murs et les toits de zeribas vers Afara.

L'*alkăḍ* avec ses fleurs jaune pâle. Fruits et fleurs se côtoient. Des acacias aux fleurs blanches l'*absagh*, et les fleurs d'*abăllanğaḍ*, ses fruits et ses graines. L'*aghămmud* gracile sur le bord des pistes. Et le ricin aux feuilles bonnes pour les chameaux et dont les fleurs roses ou rouges sont toxiques.

L'un d'entre nous souffre d'une sinusite et d'un début de conjonctivite. Il sera soigné de la manière la plus traditionnelle avec de la purée d'*amayu*, obtenue en pilant les feuilles vertes, placées dans un bout de tissu. Puis on dépose dessus un peu d'eau chaude, on presse l'ensemble, quelques gouttes tombent dans le coin de l'oeil et dans les narines. La douleur est vive mais l'opération de dégagement est réussie et le patient va s'endormir sans mot dire.

À Tanagh, une colonie de cistanches, *ahléwăn*, émergent du sable. De petites bosses dans le sable. On voit à peine la tête sortir. On dirait de

petites marmottes. Puis plus loin, par trois, quatre et plus. Une plus grande et deux autres, droites, à peine fleuries dans cet ensemble de sable à gros grains. On dirait des asperges.

La nuit, il fait un peu froid. Tout ce silence qui nous pénètre. Devant nous, l'est. Derrière nous, l'ouest. Nous sommes au centre. Tout ce silence qui nourrit l'âme, qui fortifie. L'espace… Ils ont l'espace et ils respirent.

Sur le chemin du retour, une halte à la guelta Tuya redécouverte sous un autre angle. Aujourd'hui, le niveau de l'eau est élevé aux abords des roches. Puis Timrass, dans les éboulis de pierres. Dans ce même paysage accidenté quelques chameaux. L'*aghăllašăm* dont les fruits couleur prune pendent aux branches. Les buissons s'affaissent sous leur poids.

Avec les nomades sur le plateau

In Abarbar. Il fait très chaud déjà. Nous avons décidé de partir ce matin là pour le plateau du Tassili. Marche lente dans le sable mou. Nous laissons derrière nous le village des nomades sédentarisés depuis la grande sécheresse de 1973. Des taches mauve clair, blanches, vertes. Des touffes d'*alwăt*, sur laquelle se posent des papillons blancs, colorent les champs de sable. La plante est appréciée des chèvres et des chameaux. L'*afalahlăh* pousse aux abords des roches en terrain argileux. Ses effets néfastes sont connus et une seule feuille sucée peut provoquer un dérèglement nerveux. Le beurre de chèvre est un antidote pour qui a goûté la jusquiame ou pour qui aurait consommé une sauterelle qui s'en serait rassasiée.

Isereif et Biga nous sont présentés. Ils font partie du voyage. Ce sont nos chameaux blanc et marron foncé ! Ils nous attendent placides

dans l'oued Talaggit. Nous marchons dans l'oued aux *talăggit*, ces joncs qui foisonnaient autrefois à cet endroit. Loin devant nous la montagne Trumdumt. Au bord de l'oued asséché, parfois même au milieu, des massifs de lauriers roses en pleine éclosion ploient sous l'abondance des branchages fleuris.

Profusion de fleurs qui émergent du sable encore un peu humide par endroits car, peu de temps avant notre passage, il avait plu. *Talltaq*, *témăsăswit*, *amarăzrăz*, *aftaẓẓăn*.

Et ne voit-on pas aussi l'*éfătăkši* parasiter l'*aftaẓẓăn* ! L'*éfătăkši* dont la tige se divise en plusieurs branches, porte des fleurs mauve clair. Les nomades, à l'humour poétique, voient dans ces branches le signe d'un immense éclat de rire en plein désert. Ils disent de quelqu'un qui rit de bon coeur, à pleine dents : « *Idaz hund éfătăkši* », « Il rit comme l'*éfătăkši* »... Enchevêtrement de branches, de feuilles, de pétales, de fruits quelquefois. Ravissement pour un regard de nomade, pour un regard de citoyen du monde. La pluie a été bénéfique…

Dans la soirée, veillée au cours de laquelle la viande sera découpée en fines lamelles très plates déposées sur des grandes branches violettes d'*aftaẓẓăn*. La viande va sécher à l'air sec toute la nuit. Il ne faudrait pas qu'elle touche la roche car elle ne serait pas bonne à la consommation. Cette méthode de conservation nous permettra d'en manger pendant plusieurs jours. On procède de la même manière avec la *taṭṭayt* au goût de fenouil et l'*afăẓu* sans goût particulier.

L'Oued Talaggit

Nuit sur les bords de l'oued. L'*ébăstaw* partout, et ce dicton qui n'est pas fait pour nous rassurer quant à la nuit à venir « *I ken ébăstaw, insa das a tin as, ehad ikoukel-t, megh ad t edegam senanen-net* », « celui qui va dans l'*ébăstaw* pour dormir dedans, l'âne lui marchera dessus, ou bien il sera piqué par ses épines ». Toute la nuit, nous entendrons des bruits étranges, les ânes circuler et manger la plante dont ils raffolent. Souvent, quand on veut creuser un puits, on en cherche l'emplacement : *ébăstaw* signifie aussi présence d'eau.

Il est des plantes qui n'offrent pas d'attrait particulier mais dont la simplicité cependant convie à l'observation, à l'attendrissement. Ainsi le *făẓamăn*, une jolie plante qui attire notre attention. Elle court sur le sable, s'étend presque en étoile. Ses fleurs fragiles sont petites, de couleur jaune vif. Il y a de l'eau dans le *făẓamăn*, de son vrai nom « *fazz aman* », « *fazz* » onomatopée pour transcrire le bruit de ce qui claque et « *aman* » l'eau. Il n'est pas rare cependant que les animaux le mangent. Le dicton qui lui est associé signe pour les nomades le caractère ordinaire de la plante. D'une jeune fille dont on se moque un peu, ne dit-on pas : « *Temelle n Zhora, făẓamăn a tola* », « la blancheur de Zhora ressemble à *făẓamăn* » ? C'est un refrain chanté par Abou Tellen dans les années 1960. S'il fut chanteur, poète comme beaucoup de Touaregs, il fut aussi le guide de Frison-Roche. Tout cela pour dire que du *făẓamăn*, les animaux s'en contentent quand il n'y a rien d'autre ! Mais nous, il nous a charmés.

Les buissons parfois mêlent leurs branches, leurs couleurs, leurs fleurs, la *tasuyyé* ne s'est-elle pas glissée dans l'*aftaẓẓăn* où s'incruste aussi l'alkah aux fleurs bleues ? Elle pousse au milieu de l'oued, dans le sillage de l'humidité persistante. De ci, de là, la *tamẓăllit* blanche aux racines sauvages comestibles pousse en compagnie de l'*akaḍkaḍ* ou de

la *ténădfért*. Mais les meilleures *tamẓălliten* au goût sont celles qui parasitent la *téharağğălé*. La *tamẓăllit* constitue un repas froid ou chaud. Ainsi, on en fait cuire les racines sous la cendre comme la *tagella*. Puis on frotte pour en dégager le sable et le brûlé qui tombe. On mange ce qui reste, de la grosseur d'une asperge. Délicieux ! Et les nomades de raconter leurs souvenirs… Au printemps, dans le temps de *tafsit*, les enfants partent tous les après-midi chercher des *tamẓălliten* et des *illidjen*, les poissons de sable. Ils les attrapent, les égorgent, en enlèvent les intestins, les font cuire sous la cendre ou le sable chaud. Un repas équilibré en somme ! La floraison de cette variété d'asperges dans le sable est considérée comme un don du ciel.

Au pied du plateau, le réséda encore dans le lit des oueds, ces oueds qui ont pris leurs sources quelque part sur le plateau et vers lesquels nous nous dirigeons. Quelques mimosas sur les acacias en fleurs. Un lézard court. Les oiseaux *moula-moula*, la *tenet*, le *sebibi*…

Lentement, nous nous rapprochons de la première akba. Nous allons vers Tefatest par Esali Hawhen. Il y a là un passage. Bien avant de passer le col, avant la nuit. Le paysage est rude. Nous rencontrons quelques ânes chargés. Puis en montant, un tapis de roches bleu gris. Nous atteindrons l'akba d'Esali Hawhen. Le passage est glissant, dangereux pour les chameaux qui le connaissent, qui le redoutent. L'un d'entre eux glisse. Isereif tombe. La roche est sans cesse humidifiée par la source qui s'écoule dans un filet d'eau.

Tard dans l'après-midi, nous gagnons le cirque de Tefatest situé entre deux akbas, brèches entre deux massifs montagneux. Au col de Téwasaq nous découvrons une vue splendide. Pour la nuit, nous nous installerons dans le cirque de Tefatest. Nuit de bruits et de vent. Les animaux circulent. Toujours les ânes à la recherche de quelque chose à manger. Bien que les chameaux aient été entravés avant la nuit, ils s'échapperont tandis que nous dormons. Nous sommes à la première étape de la montée sur le Plateau. Ils le savent. Ils tentent à leur manière d'échapper à la difficulté. Au lendemain, il nous faudra deux heures pour les rattraper d'autant que la suite du voyage est impossible à envisager sans eux. Au cours de la nuit, ils ont à nouveau passé Esali Hawhen dont ils avaient eu si peur la veille au soir. En douze heures, ils auront franchi trois fois le tapis de pierres. Au retour au campement, pour les conforter, nous leur donnerons du tabac à chiquer, du son dans la bouche ou dans les yeux. Ces attentions doivent les empêcher d'être malades !

Plaques de pierres ou tapis de roches. Larges plaques fendues. Lors de la montée par Wan Sebkhin, il y a *tağuq*. Des *iẓăyan* aux pétales blancs, dont on avait coutume d'apprécier les jeunes pousses. Pour remercier d'un bon repas, on peut dire à son hôte : « *Wer aregh wala iẓăyan* », « je ne veux rien de plus, même pas d'*iẓăyan* ». Cet asphodèle était déjà connu dans l'antiquité et Hérodote[1] notait que les nomades du désert réalisaient leurs demeures en tiges d'*iẓăyan* et de roseaux entrelacés. Des parterres de *tamadunt* aux feuilles rose violacé représentent un bon pâturage pour les mouflons. Quelquefois l'*aynăsnis* pousse dans le sable non loin de la *ténăsmimt*. Quand l'*aynăsnis* est jeune, ses tiges sont longues, cassantes. Il est récolté pour clarifier le beurre. Ses tiges, dont on a ôté les fleurs, sont séchées et pilées, servent de passoire et retiennent les impuretés du beurre chauffé. Les enfants aiment manger la mousse qui reste de la préparation de l'*ufrun*.

Plus loin *tahârt n-ăbaggi*, la plante des chacals, *zazăré*, une armoise, la *téharağğălé* du Plateau. L'*akaraba* que l'on avait déjà rencontré dans la Tadrart apparaît aujourd'hui tout frais et fleuri, étalé en étoile. La plante prolifere parmi les boules ligneuses de nombreux pieds desséchés.

Dans le sable la *tamaḍé* aux feuilles longues, pointues et très étroites. Des pétales délicats et blancs. L'*éskăr* pousse dans l'oued Wan Sebkhin aux côtés de *tébărémt*, plante bonne en tisane contre les brûlures d'estomac. La *tasakkărut* est là, présente dans l'oued au sable grossier.

Impressionnant paysage, des bouquets de *ténăsmimt* partout. A côtés des rochers l'*abăllanğaḍ*. Quelques *aẓrăn*. Des roches déchiquetées. Cassées. Pavés brisés. Tout paraît si austère parmi les éboulis de pierre. Nous sommes au lieu-dit de Tafeltest, nom du myrte. Là aussi des plaques de roches sont superposées. Et des formes déroutantes, issues d'une imagination où l'irrationnel prend le pas. Un art de l'expressionnisme propre aux paysages sahariens, ces animaux de grès ! Animaux

1. Hérodote, *L'Enquête*, Livre IV, Folio classique.

d'au-delà de la préhistoire. Enormes. Incongrus. Qui pourraient qui sait ? se mettre en route ! Comme au temps des dinosaures…

Le câprier

Un monde minéral absolu. Des projections de pierres. Des coulées dans des couloirs de roches. Nous marchons. Nous butons. Prisme de couleurs dans les interstices des roches. Marche lente, pénible. Nous grimpons sur des rochers pour contempler une fleur rare. Une fleur de câprier, *tălulut*, d'une grâce extrême. Puis nous allons vers la prairie ocre, rose, peut-être du gris à l'infini.

Peuple de pierres, peuple de nuages. Les uns au-dessus des autres. Et les hommes parlent de nuages morts pour évoquer les nuages dans lesquels il n'y a pas d'eau, *aman iman*…

Et là un autre spectacle. Des gargouilles suspendues, en haut des roches, semblent se concerter. Ces pierres, des présences puissantes qui protègent des touffes de fleurs fragiles. Nous marchons dans un paradis. Dans un jardin de sable. L'*almaruğăt* se marie avec la *tasuyyé*. La *timẓar*, cette belle touffe aux fruits ovales semblables à des pièces de monnaie diaphanes, est très appréciée des chameaux. C'est une gâterie qu'ils s'octroient sur le champ. Enfin c'est la guelta de Tin Amlalen. Encore une impression de prairie qui envahit l'espace. Repos. *Ilăgga*, *issin*, *tamadunt*, *tasakkărut*, *telheret*. À quelques pas de la guelta dans un endroit paradisiaque, nous restons la nuit.

Non loin. Tin Tarut est ce lieu où survit un des cyprès dans un couloir de roches. Impression de chaleur et de senteur particulière propre aux essences que dégage toujours cette espèce plus que millénaire.

Émotion... Par Tinadjdjeren, nous assurons une légère descente pour atteindre Tin Issinen. Paysage encore sombre. Nous passons par Tinmazazin où les roches sont souvent boursouflées. Les nomades pensent qu'il s'agit d'anciens volcans, *Emanzez* signifie volcan, *mazuzin* est son pluriel. En fait il s'agirait de concrétions ferrugineuses. Ils disent que lorsqu'on place ces pierres dans le feu, elles éclatent. Selon eux, il y a des pierres qui tombent du ciel, *tan inawen*, celles qui sortent de terre, *teqaq*, et ce qui forme la terre, *telaq*, l'argile.

Dans les éboulis, une touffe surprenante d'*awarhăḍ* dont les fleurs jaune et rouge mêlées représentent une menace pour les animaux et les hommes. À la plante est associée l'idée de mort et dans un accès de colère, on peut dire à son pire ennemi : « *Ikfak y Allah awarhăḍ* », « Qu'Il te donne, Dieu, la mort ». En fait *awarhăḍ* diffuse une odeur si désagréable qu'elle éloigne les animaux mais les nomades, qui veulent protéger leurs chameaux, en coupent les inflorescences considérées comme très toxiques.

Eghardech. Le père de l'un des guides est enterré là. Parce qu'il aimait cet endroit. Quand Ahmed regarde vers Eghardech, il dit que son père repose en paix là-bas. Il est bien. À la question « Est- ce triste la mort ? ». La réponse vient : « Non, la mort n'est pas triste... ». La vie est là dans les roches.

L'orage

Nous ferons halte à Tin Abendarudj pour manger un plat traditionnel, *elfatat*, sorte de crêpes salées avec une sauce au beurre de chèvre. Puis temps de repos, de digestion lente ! Et l'orage dans l'après-midi. Il pleut ! ! ! D'abord quelques gouttes. Nous sommes surpris. Il pleut sur le Plateau du Tassili. Nous sommes émerveillés. Du vent. Beaucoup de vent et de la pluie. Des touffes. Des buissons. Des bouquets ploient doucement. Le soir, des éclairs, de l'orage, du tonnerre…

Toute la nuit il a plu. Dans un abri de roches, nous avons dormi. La terre tremblait sous notre corps à chaque coup de tonnerre. Au matin, la guelta non loin. Champ de *aṭṭa*, buissons d'*alkah*, d'*amaskăki*, d'*amatăltâl*, des joncs. Des bouquets de *ténăḍfért* et de *tălulut*, les fleurs de câpriers coincés dans des roches. Dans les cavernes des nids de guêpes. Puis la corvée d'eau, puisée entre deux rochers. Le corps est écartelé et semble chanceler sous le poids des réserves d'eau remontées. L'opération est hasardeuse mais réussie. Chemins dans l'oued, chemins de sable bordés de *uhas*, des buissons volumineux d'*arasu*, de *tağuq*. On découvre l'*ékaššăker*. Quelques *ahyuf n-ekli*. C'est encore un spectacle étourdissant de couleurs et de plantes, de la plus fragile à la plus imposante.

Peu de temps après, arrivée à Tin Issinen au campement où nous serons accueillis par la famille des guides. Installation dans des abris sous roche, un confort sommaire mais irréprochable. Nous prenons nos aises. Un abri assez profond sera réservé à la cuisine qui est, comme un peu partout, le lieu où l'on se rassemble. Les chameaux seront entravés. C'est tout près que la soeur d'un des guides est née. Au cours de la marche, nous aurons côtoyé des lieux de repos éternels, des lieux de vie, des lieux de naissance. Un peu plus tard, lors d'une visite de courtoisie, nous recevrons en signe d'accueil des fromages de chèvre séchés sur des claies de *taṭṭayt*, ce sont les *tikamaren*. Le fromage, c'est *takamart*.

Orage… Il pleuvra tout l'après-midi. Toute la soirée. Toute la nuit.

El Hosseini et Ahmed partent saluer leurs familles qu'ils n'ont pas vues depuis six mois. Plus tard nous serons honorés de beaucoup de visites. Alentour, tous savent notre venue. Une vieille dame amie de la famille vient chanter avec nous. Il fait froid déjà mais la soirée est chaleureuse. D'autres nomades se joignent à nous. Dans la nuit, les groupes s'animent.

Le lendemain aux alentours nous explorons les lieux. On y trouve la *tağuq*. C'est un pâturage médiocre. Ses feuilles infusées sont à la base d'une boisson destinée aux femmes avant et après l'accouchement. Cette plante importante sur le plan médicinal soignerait les douleurs du dos, des genoux, les rhumatismes. Avec le *sasaf*, on nettoie les yeux. La *tikmazzutén* est destinée à la préparation du thé. L'*akămăn* est employé en cuisine. Dans le plat d'*adesishat*, une purée obtenue avec du blé concassé, cuit avec de l'eau et du sel allié à du beurre de chèvre, on ajoute l'*akămăn*. L'*aliwa*, une soupe de blé concassé avec *tizalfuwin*, blé cueilli vert et grillé, est aussi agrémenté d'*akămăn*.

Nous apprendrons des femmes qu'*aynăsnis*, *éhăsăs* et *taṭṭayt* sont utilisées pilées, ou en poudre. De même avec des branches de *tattayt* que l'on plonge dans l'eau, on prépare une boisson qui favorise la digestion. Aux alentours, l'*aramas* est une plante ordinaire dont l'importance reste gravée dans l'imaginaire et, d'après le dicton : « *Ekch aramas tayed amarwas* », « mange l'aramas, et laisse l'emprunt ». Parce qu'autrefois, en période de disette, les nomades se nourrissaient de ses graines et de ses fleurs.

Parfois un tapis de pierres noires sur les rochers roses, des couleurs dues à la patine. Nous passerons plusieurs jours à Tin Issinen. Parce qu'il pleut, parce que nous sommes bien, parce que, nous aussi, nous rendons visite à la famille. Alors nous marchons. À nos pieds l'*akaraba*, dans le lit des oueds. Sur le sol argileux, il fleurit aux côtés d'autres Roses de Jéricho en état de dessiccation. Un dicton dit : « *lqqor hund akaraba* », « être sec comme *akaraba* », cette image pour traduire le trait de caractère de quelqu'un d'avare, de replié sur lui-même.

L'*akaḍkaḍ*, dans le sable grossier et auprès des roches, est une plante utilisée pour soigner le diabète. On boit l'eau dans laquelle infusent ses feuilles. C'est très amer.

Sous nos yeux, l'*alew*, l'olivier sauvage, l'*éhăsăs*, qui ressemble à la luzerne, le *matăkarku*, un petit lys du Plateau. La *téẓăyt*, un asphodèle, délicat. L'*agharărăm* pousse dans les dunes. Plus avant *tahărt n-ăbaggi*, *telubaghat*, *almaruğăt*. Puis *wa n-téfriwen*, plante accrochée à la roche, souvent récoltée et protégée dans les *tikamusen* des femmes et utilisée pour chasser le mauvais esprit. C'est un tissu dans lequel les femmes placent en boule des plantes séchées, pilées. Selon les besoins, elles les sortent de leur « armoire à pharmacie », ou bien elles les respirent de temps à autre.

La vie des pasteurs

À Tin Issinen, un très beau troupeau de chèvres. Plus de soixante bêtes. Pour vivre, deux chèvres par an et par personne suffisent. On a du lait et du fromage pour tous. C'est une alimentation de base et de temps en temps on vend un chevreau. A l'heure de la traite des chèvres, au temps d'*azuzeg*, on appelle chacune par son propre nom. Il y a quatre personnes pour traire, et deux petites filles donnent le biberon à deux chevreaux dont la mère est morte. Dans la tente de la mère d'Ahmed un bâton est décoré, il est destiné à fixer la cravache des chameaux. Des amulettes en cuir toujours en usage pour protéger les hommes et les femmes qui voyagent. Des sacs en cuir décorés de motifs géométriques pour les hommes, des sacs en cuir pour les femmes. Des couvre- plats en fibres végétales, en fibres de palmiers. Ici l'*esabar* est en toile. Il court tout autour des piquets de tente. Sur ces piquets des couvertures sont posées.

Odeurs. Chèvres. Fumier. Lait. Les femmes s'activent pour la traite. Les robes de couleur. Les robes de la fête qui rappellent le mariage encore récent d'un jeune couple. Des bêlements, de la poussière. Du bruit, de la joie. Du travail. Il faut faire vite.

Il pleut. Le lendemain matin nous parcourons l'oued Tattayt. Le *téfăryast* en fleur. Puis soudain un bêlement lancinant. Ahmed nous devance, rapide. Nous avons appris qu'ils ont perdu une petite chèvre la veille au soir. Et il vient de la trouver maintenant. Elle a grimpé très haut sur les rochers. Ahmed va vers elle. Elle recule. Elle monte plus haut. Il s'arrête, reprend sa marche doucement. Il tente de l'apprivoiser par des roucoulements, des ftt. Elle reconnaît les sons qu'il émet. Elle avance vers lui. Il l'appelle par son nom. Puis il tend la main et elle recule à nouveau et monte plus haut. Alors il déploie son chèche et réussit à l'attraper, et fait un noeud autour de son cou et de son corps, mais il a besoin d'aide.

Nous arrivons en renfort. L'un de nous grimpe haut sur les roches où sont coincés la petite chèvre et Ahmed dans l'embarras. En effet il y a là une grande faille entre les deux rochers et seul, il n'arrive plus à la soulever. On l'attrape et on tire sur le chèche auquel elle est rattachée. Pendant un moment la chèvre restera suspendue au-dessus du vide. Geste vif pour la remonter à bon niveau. Heureusement elle n'est pas trop lourde. On la pose sur une plate-forme dans les rochers. Elle est sauvée !

Nous redescendons doucement, elle tire et on lâche du lest. Maintenant la chevrette nous suit dans ce lieu où Henri Lhote recensait les peintures rupestres, dans les années cinquante ! Il y a là les traces d'une voiture qu'Ahmed, lui-même petit-fils de Djebrine, guide du chercheur, nous montre du doigt.

C'est l'abri de Tin Tattayt. On y voit des girafes peintes, des personnages sur des chars, des mouflons, des vaches tachetées. Il y a cinq personnages et une femme qui parait enceinte, et des tessons de poterie à terre. Avec une équipe, Lhote a fouillé l'endroit. Plus loin, un monticule de sable noirci, vestige de foyers des hommes du néolithique. Nous pénétrons dans la grotte gigantesque munie d'une cheminée très haute. Les hommes vivaient dans ce cadre. Au sol, l'archéologue y a trouvé des os d'animaux chassés, des objets de la vie quotidienne d'autrefois. Sur le chemin du retour, nous nous rafraîchissons avec les feuilles de *ténăsmimt*. Fiers de revenir avec la chèvre !

La pluie

C'est le milieu de la journée, et il fait froid. Un feu est allumé dans la grotte qui nous sert de refuge. Il pleut. L'air est humide. Nous déjeunons. Maintenant, la chèvre est à l'aise. Elle marche sur nos sacs. Elle broute le burnous d'Ahmed qui fabrique un trépied. Puis, apaisée, elle s'endort à nos pieds. Sieste dans le silence du désert. Parcours dans les roches, sur les hauteurs.

Encore un jour nouveau… après le petit déjeuner, vent et pluie toujours. Il pleut doucement. C'est le crachin du désert ! Puis il pleut de plus en plus. Inlassablement. Il pleut beaucoup. Tout est gris. Avec la pluie les couleurs des roches foncent. La pluie s'écoule le long des parois. C'est très étrange, comme dans un rêve, des tentures de pluie qui flottent dans l'air alourdi.

Nous apprenons que nous avons dormi un serpent près de nos têtes, dans un de ces abris à chevreaux. Maintenant nous nous installons dans la grotte où nous commençons à disposer de moins en moins de place. Il pleut dans la grotte et il nous reste seulement un petit espace. La roche est très poreuse. La roche pleure. Des gouttes se forment sur les parois. La roche change de couleur.

Bilal est le nom d'un jeune garçon. Le vent souffle doucement « *sullan, sullan* ». Et on entend ces mots soufflés en tamahaq : « *ma dyaffu* », « *ar assaghat* », « *ar tufat* », « *tenemmert* », « bonjour », « au revoir », « à demain », « merci ».

Dans certains endroits, pas d'horizon. Une barre au loin. Le ciel bleu est derrière les roches. Le sol est jonché de fleurs, de petites plantes. Des lavandes et de temps à autre la trace de truffes blanches, les *terfas*. Ahmed de nous raconter : « *I kchan terfas, ad inay etran n azel* », « Celui qui mange *terfas* verra les étoiles le jour ». Voilà ce qu'Ahmed espère récolter après la pluie !

À Tin Issinen s'est formé un vrai ruisseau, l'oued a coulé. Il a plu pendant plus de quarante-huit heures. L'oued a formé des bras et nourri les champs de sable. C'est aussi et encore le temps de l'*akasa*, bonne période pour les bêtes. La famille nous accompagne au bout du chemin, à la fin de la vallée. Bilal nous offre une fleur. Dernières recommandations de la mère. Il fait très beau à nouveau, nous allons vers d'autres horizons.

Départ de Tin Issinen pour rejoindre le lieu-dit où est né El Hosseini, non loin de là, à In Itinen. Après quelque temps de marche, impressionnant paysage. Nous passons par des lieux inhabités, puis nous parcourons des espaces peuplés de roches hautes au milieu desquelles se protègent encore des nomades. Roches qui ressemblent à des géants réunis en confrérie, qui entourent un cirque et au centre une pierre, une seule pierre comme un obélisque naturel, une colonne. Taillés dans la roche, des abris pour s'asseoir. À quoi penser ? Nous traversons cette place et nous nous engageons vers une porte de pierre qui ouvre sur une autre place plus avant. Au moins quatre à cinq fois, nous passerons de tels lieux. Des portes, des cirques, une colonne au milieu.

Des *téẓăyt* dans les dunes, bons pour les chèvres, l'issin que l'on aperçoit dans l'oued, et encore *afărfăr*, *oẓma*, *égher* dont la racine rouge est utilisée par les femmes pour se maquiller.

Vers d'autres campements

Visite à d'autres familles dans d'autres campements. Nous nous asseyons. On nous offre du lait de chèvre en signe de bienvenue. Puis nous nous levons pour aller vers Tin Kel Djanet, ce lieu-dit où les « enfants » de Djanet dans un passé lointain furent emportés par l'oued en crue. Là encore des oliviers sauvages à Tin Alewen.

Nous gagnons enfin In Itinen. Le pays d'El Hosseini, des grottes, des cavernes, des oueds qui coulent parfois, des plantes, des chemins de sable, des touffes de lavande sauvage, des *taṭṭayt*, des *aynăsnis* et des *ténăḍfért*. Dans le sable, des chemins modelés par l'écoulement de l'oued. Il a plu et partout des repousses. Comme on reconnaît sa maison d'enfance, on reconnaît aussi la grotte qui a protégé notre naissance, le ventre de notre mère. Ici aussi, impression de paradis. Pureté de l'air. La lavande, *éğayăh*, en zone aride, la plante est polymorphe. Tantôt elle apparaît malingre, tantôt elle se présente très développée. Tout dépend si elle pousse à l'ombre et dans l'humidité ou en milieu sec. Il arrive qu'à l'ombre d'un rocher et en zone humide, elle présente des tiges chargées de nombreuses feuilles alors que nous l'avons souvent rencontrée plus fine et portant peu de feuilles.

À nos côtés, *tăbăk amaḍăl*, la plante qui se rassasie de sable.

La marche encore dans des éboulis de pierres, dans des montagnes de roches austères. Spectacle du chaos toujours menaçant. De blocs de roches de trente mètres de haut, de quarante mètres. Tombés de biais, comme arrêtés brutalement dans un mouvement violent de projection. La terre se serait-elle soulevée à cet endroit ? Interrogation sans réponse. Grottes qui conservent les secrets de l'histoire de cet environnement. Des rupestres signalés par Djebrine et par Henri

Lhote. Des chars, des personnages aux gestes élégants, légers, qui semblent passer une calebasse. Ce sont les peintures de Titeras-n-Elias. Alentour des touffes de *timẓar* en fleur. Bois sec. Comme une sculpture pétrifiée. Des feuilles vertes poussent à l'extrémité d'une vieille branche asséchée mais encore enracinée.

Le soir, nous arrivons dans un espace immense. Des roches ocre rose. Le sable à perte de vue et le ciel au-dessus de nos têtes. Les oiseaux : perdrix, corbeaux, alouettes, bruant et le faucon sont en liesse à la tombée du jour. On voit ici des dessins géométriques formés sur la terre. Du sable ? De l'argile ? Et ces mêmes dessins sur les roches qui se désagrègent lentement. La peau de la roche se défait. Les nomades disent que la roche est malade. La mort ici toujours guette… Et la vie… lumineuse ! La nuit est venue, lentement avec les étoiles qui sont apparues une à une, puis par milliers, formant des arabesques dans le ciel. La nuit est là. Jour métamorphosé en voile, après cette longue journée de pluie et de lumière. Tout est frais. Le vent avec la nuit glisse sur le sable, frôle les roches. Par-delà l'horizon, le soleil disparu depuis longtemps. La nuit laissée en suspens. Les étoiles dans le ciel indigo. Des pointes de diamants… Nuit bénie ! Comment dormir quand tout l'univers se met à murmurer ? Que l'on sent le frémissement de ces voix qui traversent le temps. La nuit nous nous reposons près des roches et nous aurons très froid car l'humidité gagne la surface de la terre sur laquelle nous reposons. Au matin, nos petits matelas de mousse seront mouillés.

Puis, la décision est prise d'aller vers Tan Zumeitek. Marche le long du canyon où la roche blanche, crème, rose pâle illumine l'ensemble. Tout est clair, pris dans la lumière, chaleur et poussière. Sable soulevé, rayons de soleil sur nos fronts. *Caralluma venenosa*, la plante sans nom et sa fleur grenat, exceptionnelle. Puis un espace, un nouveau dégagement. Ouverture sur la vallée de Tamrit. Généreuse. L'oued Tamrit déploie un cours sinueux dans la lenteur. C'est la Vallée des Cyprès millénaires. Autant de stations sur le cours d'eau alimenté par des pluies récentes. En certains endroits, l'oued s'élargit. Où sont les limites de son lit ? A perte de vue, des parterres de *ẓeani* d'un jaune éclatant, ces immortelles du désert dont on avait déjà rencontré quelques pieds aux abords de la guelta de Tin Amlalen. Danse à Tinérin, autres fresques, autres peintures, la gazelle et l'antilope.

Les cyprès développent des racines étendues à la surface du sol tandis que d'autres restent profondément ancrées dans la roche. Des racines qui expriment les millénaires, le temps pétrifié. Les *taruten* se dressent dans le paysage et déploient leurs branches vastes, dont les feuillages bénéfiques apportent de la fraîcheur à l'endroit. Depuis des milliers d'années, l'ombre portée par des branches qui s'entrecroisent racontent les cyprès narcisses qui se mirent dans l'eau. Leurs racines noueuses, voluptueuses, énergiques disent quelque chose de cet ancrage. Elles émergent du sable et de l'eau parfois.

Tamrit chante

Aujourd'hui, dans les méandres du cours d'eau, des bassins se sont formés, de petites plages se dessinent. Vallée de Cyprès à plus de mille six-cent mètres d'altitude. Partout des massifs de lauriers roses magnifiques. Des fleurs incrustent leurs pétales dans la poussière dorée des roches décomposées. Le désert décline les nuances des couleurs du monde. Du blanc laiteux de la lune à l'orange translucide du soleil de l'aube, du vert tendre au vert foncé des feuillages, du brun au blanc cassé de la coloquinte, du noir de suie de la nuit au gris pâle, du rouge de la longue racine d'*égher* au rose des lauriers sauvages. Tamrit chante. Les oiseaux se cachent dans les feuillages, dans le creux des roches. L'endroit est paradisiaque. Nous nous arrêtons. Éblouis. Chacun en silence. Chacun en harmonie. Nous resterons là un temps, très longtemps.

Devant la profusion d'oiseaux, de pépiements, quelqu'un raconte cette histoire vraie de ces bengali achetés par un marchand qui s'était arrêté provisoirement à Tamanrasset. Son camion était en panne. Or des enfants qui passaient à coté, ont entendu les chants des oiseaux et ils les ont délivrés. Depuis, les bengali au plumage rose ont proliféré au désert. Il y en a partout au Hoggar et au Tassili. D'autres racontent que les hérons, les cigognes, les grues traversent leurs espaces. Les nomades gardent en mémoire certains vols migrateurs spectaculaires.

Viendra l'après-midi. Nous allons vers l'oued Wa n-Aghraben. Sur le Plateau aux roches cassées de couleur sombre, sur le Plateau qui s'étend pour nous à l'infini, où la marche est rendue difficile à cause des pierres aux arêtes blessantes, une tache de lumière au loin nous attire. C'est un petit champ d'*azăză*ǧ*a* qui éclaire tout l'environnement. Si le trajet nous paraît interminable, harassant, c'est parce que le paysage tranche avec le souvenir de Tamrit que nous protégeons

encore en nous. L'*azăzăğa* aime les terrains rocailleux. Elle est à son aise dans l'oued W an-Aghraben.

En fin d'après-midi, nous gagnons la plate-forme de l'oued. Arrivés au bord du précipice, nous découvrons un muret de très grosses pierres. On pense qu'au temps de la préhistoire les pasteurs auraient fabriqué ce rempart pour arrêter les troupeaux. Au-delà une profondeur de cent mètres environ. La chute. Une akba, premier pallier de la descente vers Djanet. C'est le retour ! La *téllakh* pousse entre les cailloux, elle contient un lait, sorte de latex qui soigne les piqûres de scorpion et les maux de dents. Au soir, nous mangeons des *tikayawin*, petites galettes très plates que l'on colle sur une plaque de roche chaude comme en d'autres temps, le feu est ensuite adouci, il couve, les galettes cuisent lentement. La tradition reste inchangée.

Tout l'environnement est sombre, plein de caillasses. Nous assistons à une démonstration de résistance aux pierres dures pointues. El

Hosseini marchera pieds nus à même ces pierres tranchantes. Il ne sent rien. C'est une pratique à laquelle il est habitué depuis l'enfance tandis que nous, même avec nos bonnes chaussures de marche, ressentons parfois douloureusement les aspérités des roches, surtout en fin de journée !

Au matin, les oiseaux. Encore une fois les chameaux entravés sont partis. Ils ont passé la nuit dans le lit de l'oued. Ils sentent, ils savent que des heures difficiles les attendent, la descente qu'ils détestent.

Très tôt, nous nous engageons à franchir les trois akbas qui nous permettront de rejoindre Djanet en fin de journée. Tout d'abord l'akba Tafilelet, pour atteindre l'oued Tassatuft, le canyon vertigineux, couloir de roches. Nous marchons dans une faille impressionnante. Des parois rocheuses de chaque côté, hautes et foisonnantes de végétation de toutes parts. Excellente acoustique, chants des oiseaux, nous-mêmes nous chantons, et l'écho de nos voix trouble les oiseaux qui fuient les feuillages des oliviers sauvages et des lauriers roses. Les bruits de l'eau. L'oued s'écoule dans le canyon, formant des petits bassins où des buissons de lavande se mêlent aux fleurs du jujubier. Nous accédons au cirque de Téfatest. Le terrain est plat. Une large et longue vallée serpente, puis nous remontons dans les rochers cherchant des chemins plus rapides pour redescendre encore. Une belle guelta permanente et tout autour des câpriers, puis la vallée des tamaris avant la dernière akba. Nos pas croisent le parcours des scarabées, une longue chenille rouge et verte ne bouge plus, comme hypnotisée par notre regard. Des papillons blancs. Des papillons marrons. Tout au fond du canyon, la hauteur de la dénivellation paraît à vol d'oiseau d'environ cinq à six cents mètres. Les oiseaux effrayés s'envolent sur notre passage.

Enfin, entre la deuxième et la première akba, la descente avec les chameaux. La roche est pourrie, très friable, de couleur rouge, blanche, ocre. C'est l'akba de Tarz Anhél. Ce passage périlleux est connu pour casser les pattes des autruches. Il n'y a plus d'autruches aujourd'hui dans les environs, mais les pattes des chameaux sont tout aussi fragiles. Nous observons inquiets la descente de notre monture. Enfin dans l'oued Tasattuft, où pousse le buisson du même nom, un troupeau de chevreaux que l'on avait emmené paître en bas le temps d'engraisser, s'affaire parmi les plantes. Il sera remonté sur le Plateau dans quelques semaines.

À l'ombre d'un acacia, de l'eau fraîche nous attend dans l'*abayogh*. À nos côtés, une fois le repas partagé, Ahmed et son oncle s'installent pour réparer un vieux bidon en plastique, tout décidés qu'ils sont à lui retrouver une utilité. Ils cherchent à fabriquer un bouchon et ils exécutent au feu de bois sur le sable une soudure en plastique coulant sur la déchirure.

Sur les monticules de sable et parmi les plantes et les fleurs, les chèvres s'ébouriffent, se bagarrent et se contorsionnent. Elles se jettent l'une sur l'autre tête baissée.

Avant de revenir à Djanet, nous faisons halte pour un temps dans cet espace où chaque être vivant semble s'appartenir, les oiseaux, les chevreaux, les chameaux et les humains. Dans cet espace de lumière et de vent, là où personne n'est maître.

Fleurs du Sahara

Milieux et botanique au Sahara

Géologie, géographie

Les voyages évoqués dans le texte se déroulent sur le Plateau ou au pied du Tassili. C'est là également qu'ont été observées les plantes décrites.

Ce *tassili*, plateau en *tamahaq*, est celui des Ajjer, nom de la population qui le parcourt et l'habite. Il s'agit de la partie est et nord-est de l'enceinte gréseuse qui entoure le massif central de l'Ahaggar ou Hoggar.

Nous citons à côté du **Tassili-n-Ajjer** proprement dit, la région Tassili, y incluant les piémonts et même la bordure des ergs et au sud, la Tadrart. Ce qui, d'autre part, correspond à la zone classée Parc National.

Le Tassili s'est formé dans un lointain passé géologique. Il est constitué de sédiments gréseux déposés dès l'ère primaire sur une épaisseur considérable : à l'Ordovicien, c'est d'abord le **Tassili** dit **interne** auquel s'est superposé au Dévonien le **Tassili externe**. Aujourd'hui, limité à l'ouest par une falaise presque ininterrompue sur 500 km, le Plateau domine la plaine d'Admer d'une hauteur qui peut atteindre 500 ou 600 m par endroits. Son altitude varie de 1 500 m dans la partie nord, à 1 800 ou 1 900 m en bord de falaise près de Djanet, mais va en s'abaissant régulièrement plus à l'est et au nord. L'oasis, elle, se situe à 1 150 m.

La **Tadrart** prolonge vers le sud le tassili externe, mais elle n'a plus guère l'aspect d'un plateau tant l'érosion y a joué : la **Tadrart-Acacus** est la partie libyenne de ce massif. Cette même érosion a provoqué le recul de la falaise et laissé de nombreuses buttes témoins qui s'ajoutent aux affleurements de granite ou de gneiss du socle cristallin primitif, vers Djanet par exemple. Leur présence est à l'origine de paysages des plus étonnants. A noter aussi que des coulées basaltiques ont recouvert les grés dans la partie centrale, formant l'Adrar-n-Ajjer.

Le sable a envahi les zones les plus basses, créant des ergs : Admer, Tin-Merzuga, Tihodaïne… Le Ténéré, désert des déserts, immense reg, commence au sud et se déploie sur le territoire du Niger.

Nous sommes loin de l'image du désert, qui ne serait que dunes à l'infini. Le Tassili est terre de contrastes où l'on trouve aussi bien des sols nus aux dalles patinées, entaillées de canyons impressionnants sur le Plateau, que de vastes zones ensablées d'où émergent des chicots gréseux ou des cuvettes argileuses qui étincellent au soleil.

Climats d'hier et d'aujourd'hui

Le Sahara central est considéré comme un désert absolu, légèrement atténué en altitude. La partie qui nous occupe est parmi les plus arides avec une moyenne de moins de 20 mm d'eau par an à Djanet. En réalité, des pluies brutales très irrégulières provoquent des crues violentes. Puis, pendant des années, il n'y aura aucune goutte d'eau. À la différence du Sahel, on n'a pas de saison des pluies et de saison sèche en alternance.

Le Tassili, à la latitude du Tropique du Cancer, subit des températures très élevées de mai à juillet, basses en hiver surtout sur le Plateau où on observe parfois de la neige. Les écarts journaliers sont également importants.

La faible nébulosité provoque une luminosité intense et, ajoutée aux vents constants et à la température, une évaporation considérable bien supérieure à la pluviosité. La moyenne hygrométrique est aux alentours de 20 %, souvent bien moins. À Paris, elle est d'environ 60 %.

Ce climat désertique hyperaride est hostile à la vie qui doit alors se réfugier dans les rares endroits préservés, qu'elle soit végétale, animale ou humaine Malgré tout ce qui s'y oppose, elle est présente et se maintient.

Mais s'il y a désert aujourd'hui, bien des indices témoignent de conditions toutes différentes en d'autres temps. D'abord le réseau hydrographique y est extrêmement développé. Ses profondes vallées ont été creusées par des fleuves puissants, sans doute au début du quaternaire. Déjà au regard des derniers 10 000 ans, on observe une alternance de phases humides et de phases sèches. Le désert a tour à tour diminué de superficie ou bien s'est étendu.

Ainsi, il y a 8 000 ou 9 000 ans, cette partie du Sahara a bénéficié d'un climat humide aux saisons bien marquées : de vastes lacs sont alimentés par de vrais cours d'eau. Après un épisode aride bref, vient une nouvelle oscillation chaude et humide. Aux moments les plus favorables, on doit imaginer des conditions proches de celles d'un Sahel à saison des pluies bien régulière. Le climat, il y a environ 5 000 ans, commence pourtant à se détériorer graduellement jusqu'à la situation extrême actuelle.

Ces fluctuations ont été vécues par la flore, la faune et par l'homme. Les innombrables **peintures et gravures rupestres** que l'on découvre dans les abris sous roche ou sur les parois bordant les oueds nous en fournissent la preuve. Leurs auteurs, chasseurs ou pasteurs, pendant ces derniers 10 000 ans, qui correspondent au **néolithique**, ont laissé aussi alentour les traces multiples de leur occupation des lieux : céramique, meules et broyeurs, pointes de flèche et autre matériel lithique. Quel contraste saisissant entre l'aridité actuelle et la présence imposante de ces gravures de grands mammifères, éléphants, girafes, rhinocéros qui évoquent la savane africaine ! On est frappé par le côté insolite des bovidés rouge et blanc répétés inlassablement sur les parois, avec bergers, campements, femmes et enfants, dans un cadre aujourd'hui totalement dénudé.

La grande faune a disparu depuis longtemps, les troupeaux aussi, l'homme, à force d'ingéniosité et d'opiniâtreté, tente de résister au lent processus de désertification.

La végétation

Bien que de façon moins spectaculaire, la végétation aussi reflète ces changements climatiques. La flore saharienne, assez pauvre en nombre par rapport à la surface, 1 200 espèces environ, est considérée comme extrêmement intéressante du fait de sa variété, due justement à ce passé.

Cette flore est à rattacher à plusieurs **régions**, divisions du monde floral, adoptées par les botanistes. D'abord la région **saharo-arabique**, autrefois saharo-sindienne, qui recouvre tout le nord et le centre du Sahara. Au sud, la région **soudano-deccanienne**, de transition, dans le

Sahara méridional. S'y superposent des influences méditerranéennes et tropicales. Quelques espèces cosmopolites largement répandues sont à noter.

Dans les massifs élevés, au Tassili comme dans l'Ahaggar, on rencontre avec étonnement le myrte, l'olivier, la lavande, la sauge… tous éléments d'origine méditerranéenne : ils se sont installés à l'occasion d'une de ces oscillations du climat et s'y maintiennent tant bien que mal sous des conditions désertiques. D'ailleurs, beaucoup d'espèces ainsi isolées et localisées sont des **endémiques** : *Lavandula antineae* par exemple, ou *Cupressus dupreziana*, le plus fameux. Ce cyprès impressionnant n'existe que sur le Plateau des Ajjer en un peu plus de 200 exemplaires. Bien des espèces saharo-arabiques sont également des endémiques ayant évolué sur place.

Les paysages variés du Tassili correspondent à des milieux aussi différents que l'erg, le reg, le plateau rocheux, le lit d'oued ensablé… qui sont autant de **biotopes** particuliers. Si parfois de vastes surfaces sont dépourvues de végétation, celle-ci occupe le sol d'une façon tout à fait originale face à l'hostilité ambiante. Localisée dans les seuls endroits favorables, on la dit **contractée**. Cette caractéristique typique du Sahara central est un peu moins marquée en altitude. L'occupation y est plus **diffuse**.

De plus, à chaque milieu correspond un certain **groupement** souvent de quelques espèces seulement. Une végétation particulière pousse sur le plateau. Dans ce domaine, les oueds sont différents, à l'amont nettement rocheux, et en aval vers l'épandage, argilo-sableux. Il y a des groupements propres aux zones sablonneuses et d'autres aux abords des gueltas ou des sources. La répartition est à la fois fonction des conditions actuelles géographiques ou pédologiques, et des variations climatiques dans le passé, un passé lointain semble-t-il, bien avant les 10 000 ans considérés.

La façon dont les plantes se groupent actuellement ou se sont installées anciennement, présente un intérêt majeur. Encore plus remarquable est la façon dont elles s'adaptent à la sécheresse et à des conditions climatiques aussi particulières. Elles ont lumière et chaleur. Leur survie dépend donc de leur capacité à trouver et retenir l'eau. Elles développent, dans ce but, des stratégies multiples et fascinantes, **morphologiques** ou **physiologiques**.

Les plantes annuelles et les plantes pérennes ne réagissent pas de façon identique. Pour les premières, il s'agit de profiter de la courte période d'humidité qu'apporte la pluie. L'important est donc la brièveté du cycle biologique. Parfois, en deux ou trois semaines, la plantule est apparue, a fleuri, puis produit ses graines qui attendront une prochaine averse, peut-être pendant des années. L'*akasa* (on emploie souvent le mot arabe *acheb*) qui couvre brusquement d'un tapis presque continu mais éphémère de vastes surfaces, est composé de ces plantes, dites **annuelles** dont l'apparition est en fait aussi capricieuse que le sont les précipitations.

Les plantes **pérennes** ou permanentes multiplient les stratégies car le but est de durer. Pour absorber le maximum d'eau, les racines s'adaptent à la nature du sol : superficielles, elles s'étendent sur une vaste surface à l'horizontale pour recueillir les pluies les plus faibles sur le sable, ou très longues et verticales elles s'enfoncent pour atteindre des couches profondes. Chez certaines espèces, ces racines présentent un manchon de sable agglutiné qui empêche l'évaporation.

Réduire l'évaporation est en effet le problème majeur. Des feuilles toutes petites, recouvertes d'une sorte d'enduit vernissé, la cuticule, ou de poils denses, parfois des feuilles en écaille ou fugaces et faisant place à des stipules épineuses, sont quelques-uns des moyens pour éviter la déperdition d'eau.

L'observation sur place apporte bien des surprises. Ainsi, des espèces qu'on a toujours connues naines et rabougries, deviennent brusquement trois ou quatre fois plus grandes à l'occasion d'une pluie plus importante. Les fleurs peuvent apparaître à n'importe quel moment de l'année : elles ne sont pas liées aux saisons mais aux précipitations. La mort apparente de quelques plantes qui attendent seulement une humidité propice, est une autre surprise. Un oued habité par deux ou trois mêmes espèces au fil des années se verra soudain colonisé par une nouvelle espèce : certaines plantes n'apparaissent ainsi que très rarement même en cas de chutes de pluie. Sans doute ont-elles besoin de conditions tout à fait particulières pour germer.

Autant de phénomènes qui suscitent notre curiosité. Les nomades y sont, eux aussi, très attentifs et font des remarques pertinentes sur l'apparition de certaines plantes, sur « l'attraction » ou la « répulsion » entre espèces ou sur le type de pluie nécessaire… il y a beaucoup à apprendre avec eux.

À la lecture des fiches et du texte on découvrira quelques-unes des utilisations locales que nous avons recueillies. Elles sont en fait bien plus nombreuses et supposent une connaissance approfondie des plantes. Le pâturage, primordial dans le passé, l'est moins aujourd'hui. De chaque espèce on connaît encore la durée de vie, le moment où y mener les animaux, les incompatibilités avec d'autres fourrages ou les compléments à y apporter, les propriétés qu'elle a d'améliorer la lactation par exemple…

Quant à l'alimentation des hommes, on remarquera la nécessité de ne rien négliger de ce qui est comestible. On notera la variété de l'usage des graines, feuilles, racines, crues ou cuites, simplement pilées ou longuement manipulées pour en éliminer la toxicité. On citera la consommation fort appréciée de nombreuses plantes en complément du thé, la boisson locale par excellence, pour leurs propriétés aromatiques.

Les utilisations médicinales sont multiples. Il y a là tout un savoir traditionnel à recueillir : établir l'inventaire des plantes utilisées et de leurs propriétés thérapeutiques, de leurs composants, recenser les pratiques, examiner leur valeur supposée. Vaste programme pour les botanistes, les pharmacologues et même les ethnologues.

Espèces présentées

Les fiches concernent une partie des plantes du Tassili n-Ajjer : nous nous sommes limitées aux plantes herbacées, aux sous-arbrisseaux et arbrisseaux les plus fréquemment rencontrés. Nous avons fait le choix de n'aborder ici ni les arbustes ni les arbres.
Une **plante herbacée**, en général annuelle, plus rarement vivace, est frêle et souple.
Un **sous-arbrisseau** est un végétal de taille réduite, dont la souche est ligneuse. Ses rameaux, régulièrement remplacés au cours des saisons, sont herbacés ou semi-ligneux.
Un **arbrisseau** est un végétal ligneux, peu élevé, avec des tiges ramifiées dès la base.

Si la définition de ces catégories semble précise, la réalité est bien plus complexe. Les différences entre plante herbacée et sous-arbrisseau ne sont pas toujours aussi nettes : une plante herbacée peut voir ses pousses devenir ligneuses dans certaines conditions. À l'opposé, les tiges ligneuses d'un arbrisseau peuvent donner de nouvelles pousses tout à fait souples et herbacées quand l'humidité est favorable.
Encore plus qu'ailleurs, au Sahara, la nature se laisse difficilement enfermer dans des catégories !

Contenu des fiches

D'une façon générale, les plantes sont identifiées par un nom latin que les botanistes leur ont attribué et qui est valable en tous lieux.

Exemple : *Cistanche phelypaea* ou *Stipagrostis pungens*
Le premier mot désigne **le genre**, le second **l'espèce**.

Pour les noms de genre et d'espèces, nous avons retenu la nomenclature moderne proposée par Lebrun et Stork (1991-1997) et Boulos (1995). Dans beaucoup d'ouvrages on trouvera encore *Cistanche tinctoria* ou *Aristida pungens*. L'ancienne appellation apparaît entre crochets dans la liste des noms botaniques, en annexe, page 246.
Notre référence principale, en particulier pour l'appartenance des espèces à un élément phytogéographique est *Flore et végétation du Sahara* de P. Ozenda (1991).

Outre l'espèce et le genre, on doit préciser **la famille** des plantes. Certains noms d'usage courant ont eux aussi été modifiés ; voici la liste des principaux (l'ancien est donné en premier) :
Composées : **Asteracées** Crucifères : **Brassicacées**
Graminées : **Poacées** Labiées : **Lamiacées**
Légumineuses : **Fabacées** et **Cesalpiniacées**
Ombellifères : **Apiacées**
Selon les pays ou les régions, les plantes portent des noms vernaculaires différents. Le nom local en *tamahaq*, employé au Tassili n-Ajjer, est ajouté ainsi que sa transcription en *tifinagh*. Quand ils existent et qu'ils sont d'usage courant, les noms français sont cités.

Chaque fiche concerne une espèce et fournit :
- une **description botanique**, suffisante mais non exhaustive pour permettre la reconnaissance ;
- des informations concernant **l'habitat de l'espèce** considérée, son **écologie**… Sont souvent mentionnées les autres espèces ou sous-espèces possibles et les problèmes d'identification ;
- les **utilisations** indiquées localement : alimentaires, médicinales, domestiques, ou toute autre information telle que les précautions à prendre.

Une illustration de la plante et, dans certains cas, des détails de fleur ou de fruit accompagnent le texte.

Pour les non-spécialistes, il n'est pas toujours aisé de reconnaître les plantes. Le regroupement de celles qui présentent des caractéristiques communes, telles que l'inflorescence du capitule chez les Astéracées ou la fleur à quatre pétales chez les Brassicacées, devrait en faciliter la distinction. Parfois, pour des raisons de ressemblance ou de proximité, à la suite d'une fiche décrivant une plante, nous avons placé une brève description d'une autre espèce ou d'un genre de même famille, sans respecter l'ordre alphabétique.
Le vocabulaire utilisé a été simplifié au maximum. Des croquis illustrent une partie des termes botaniques indispensables, page 231.
Un lexique explique les autres termes page 229.
Les listes des plantes, classées selon leur nom scientifique ou selon leur nom vernaculaire renvoient aux fiches descriptives.

Transcription

On trouvera ici la valeur des signes *tifinagh* (consonnes) et la transcription adoptée. Nous nous sommes très légèrement éloignés de celle habituellement admise, pour reproduire plus fidèlement la prononciation locale dans la zone Tassili n-Ajjer. La valeur des sons voyelles varie en effet d'une région à l'autre, rendant leur transcription délicate. Les caractères tifinagh sont écrits ici de gauche à droite, mais peuvent aussi l'être de droite à gauche. Aux Ajjer, on note souvent la présence d'un son initial de voyelle par un point. Les voyelles peuvent être brèves ou longues, notées par exemple respectivement *ă â*. Les sons emphatiques sont transcrits par un point souscrit (*ḍ*).
La transcription des noms vernaculaires a été revue par Monsieur Mohamed Beddiaf.

Tifinagh	**Transcription**	**Valeur**
ⴱ	*b*	*b*
ⴷ	*d*	*d*
ⴹ	*ḍ*	*d* emphatique
ⴼ	*f*	*f*
ⴳ	*g*	*g* = gue
ⵊ	*ǧ*	*g* vélaire -= dj
ⵂ	*h*	*h* prononcé
ⵛ	*š*	*ch*
ⴾ	*k*	*k*
ⵆ	*kh*	*ch* proche Bach allemand
ⵍ	*l*	*l*
ⵎ	*m*	*m*
ⵏ	*n*	*n*
ⵓ	*w*	*ou* consonne
ⵈ	*q*	*q*
ⵔ	*r*	*r* roulé
ⵗ	*gh*	*r* proche du r français
ⵙ	*s*	*s*
ⵜ	*t*	*t*
ⵟ	*ṭ*	*t* emphatique
ⵢ	*y*	*i*
ⵣ	*z*	*z*
ⵥ	*ẓ*	*z* emphatique

Fleurs du Sahara

Plantes classées par ordre alphabétique des familles, genres et espèces

Aerva javanica *témăkărkéẓt** ⵜⵎⴾⵔⴾⵥⵜ

● Cet arbrisseau rameux à feuillage touffu peut atteindre 50 à 60 cm. Il frappe par sa blancheur laineuse : un épais duvet de poils crème, fins et denses, qui garnit l'ensemble de ses organes, lui donne cet aspect si caractéristique. Ses feuilles velues, allongées, sont plus denses dans la partie inférieure de la plante. De minuscules fleurs blanches, veloutées, forment des grappes d'épis nombreux au sommet des tiges.

● Cette espèce à répartition soudano-deccanienne, pousse toute l'année, préfére les zones rocailleuses, les éboulis au pied des falaises, mais ne dédaigne pas la proximité des points d'eau. Commune dans tout le Sahara central, cette plante est présente au Tassili sur le Plateau ainsi que sur les pentes, mais de façon sporadique.

● Seuls les chèvres et les mouflons apprécient la *témăkărkéẓt*. En usage domestique, les feuilles pilées servent de savon.

* La marque du féminin en tamahaq se note par t initial et final.

Amaranthus graecizans subsp. *silvestris* *taẓarat* ⵜⵣⵔⵜ

● Cette herbacée annuelle de 30 à 40 cm pousse en touffes à tiges minces, parfois plus ou moins couchées mais le plus souvent bien dressées. Elles sont reconnaissables à leur couleur rouge rosé. Sessiles et alternes, les feuilles vert foncé sont très étroites et allongées. À leur aisselle, on distingue les glomérules de fleurs jaunâtres. Les fruits, petites graines noires, tombent facilement dès que l'on touche la plante.

● Propre à l'Afrique méditerranéenne et tropicale, cette plante est rare au Sahara central. Elle apparaît plutôt dans les oueds du Sud comme Takisset, à l'est de la Tadrart et, quand les conditions s'y prêtent, cette Amaranthacée envahit de vastes surfaces. On la rencontre aussi autour de Djanet.

● La *taẓarat* est un bon pâturage bien connu des nomades qui ont parcouru les régions plus au sud, l'Ayr par exemple.

Pancratium trianthum *téfălélit* +ⵅⵍⵍ+

● Herbacée à gros bulbe, de 30 à 40 cm de haut, *Pancratium* est une plante aux longues feuilles linéaires un peu charnues, de couleur vert tirant sur le bleu. Souvent contournées, elles s'étalent sur le sol. Les tiges épaisses portent deux à quatre grandes fleurs blanches. Elles se composent de cinq étroites lanières disposées autour d'un long tube central au bord dentelé, qui laisse apparaître les étamines. Cette belle fleur à l'aspect fragile s'épanouit après la pluie.

● Ce *Pancratium* est une espèce tropicale. Sa famille, comme celle des Liliacées, est peu représentée au Sahara. Sur le Plateau du Tassili, cette espèce pousse sur les éboulis ou les zones un peu caillouteuses. Elle ne semble pas très fréquente. Éphémère, elle ne nous donne pas souvent l'occasion d'admirer ses fleurs magnifiques.

● Les Touaregs la nomment *téfălélit* ou petit oignon. Aucun usage particulier n'est signalé. La plante, mais surtout les graines, sont reconnues vénéneuses. Pourtant, les chèvres pourraient la brouter sans risque.

Ammodaucus leucotrichus *akâmăn* ·:·[I

● Cette discrète herbacée annuelle, qui ne dépasse pas 15 cm, attire le regard quand elle exhibe ses très nombreux fruits pelucheux. Ses feuilles, d'un vert franc sur des tiges rameuses striées, sont divisées en lanières très fines. Les petites fleurs blanches en ombelles se transforment en fruits ovales, couverts d'épais poils roux et argentés. Toute la plante a une forte odeur anisée.

● Au Tassili, cette plante saharienne se rencontre en particulier sur les plages sableuses des zones rocheuses du Plateau ou dans les épandages, comme Tasset ou Dider. Peu fréquente, elle pousse plutôt en pieds isolés.

● L'*akâmăn* est très prisé pour ses qualités aromatiques et médicinales. C'est une des plantes qui fait encore l'objet d'un commerce local. On en agrémente souvent le troisième thé. Aussi bien utilisé en poudre qu'en infusion, il soigne les maux d'estomac et les troubles digestifs. Pour redonner de l'appétit, on pilera 6 ou 7 graines qu'on ajoutera de préférence à du mil ou à du lait. On le conseille même contre les vomissements des jeunes enfants. La poudre d'*akâmăn* est aussi un condiment qui relève les mets.

Deverra scoparia *taṭṭayt* ⵜⵟⵢⵜ

● C'est une plante vivace qui pousse en touffes importantes atteignant plus de 1 m de haut. Les tiges brun jaunâtre, droites, ramifiées uniquement dans leur partie supérieure, ne portent pas de feuilles ou seulement quelques-unes réduites à des écailles. De petites fleurs blanches sont groupées en ombelles à pédoncules plutôt courts. Toute la plante dégage une odeur agréable. Elle résiste particulièrement bien à la sécheresse et, quelle que soit la saison, on rencontre la tattayt plus ou moins sec.

● Cette Apiacée maghrébine, commune dans la partie nord du Sahara, est réputée rare plus au sud. On l'observe pourtant très fréquemment sur le Plateau du Tassili, surtout dans le lit d'oueds caillouteux.

● Les animaux broutent la *taṭṭayt* sans qu'elle soit considérée comme un pâturage exceptionnel. On l'apprécie pour l'arôme qu'elle communique à la nourriture. Ainsi, avec ses tiges, on tresse des claies pour y égoutter le fromage. On met également des branchettes sur la viande pour la parfumer.

Elle ne semble pas beaucoup utilisée dans le domaine médicinal au Tassili, bien que ce soit le cas ailleurs. Cependant, les tiges sèches interviennent dans la préparation de poudres contre les morsures de reptiles et, en infusion, elle est utlisée en cas de coliques néphrétiques.

Une seconde espèce qu'il est souvent difficile de distinguer de la précédente, pousse dans les mêmes zones. Les Touaregs la nomment *aṭṭa* ou *aṭṭay*, qu'ils considèrent comme le masculin de *taṭṭayt*, élément féminin du couple. L'allure générale et la taille ne diffèrent pas beaucoup de l'une à l'autre. Toutefois, les tiges de l'*aṭṭa* sont généralement ramifiées dès la base. Cette espèce n'a pas l'odeur agréable de la *taṭṭayt* et, d'après certains, elle serait même toxique. Il pourrait s'agir de *Deverra denudata* (= *Pituranthos chloranthus*).

Caralluma decaisneana *taybăru(t)* ⵜⵢⴱⵔⵜ

● Cette plante grasse a un aspect tout à fait inattendu avec des tiges charnues vert argenté, tachetées de violacé. Les feuilles, absentes ici, sont remplacées par des sortes d'appendices aigus tout au long des tiges. Les fleurs apparaissent par deux ou trois. Elles ont une corolle charnue à cinq lobes appointés, veloutés, de couleur grenat foncé. Elles dégagent une odeur écoeurante. Les fruits, follicules allongés, surprennent par leur dimension. Couleur, taille et forme varient selon les conditions atmosphériques. Pendant une sécheresse prolongée, cette espèce se réduit à quelques tiges jaunâtres racornies. L'humidité revenue, la plante développe de nouvelles tiges épaisses et bien vertes, pouvant atteindre une dizaine de centimètres.

● Endémique du Sahara central, elle est très peu fréquente dans l'Ahaggar et extrêmement rare au Tassili, repérée seulement dans trois ou quatre stations de la partie la plus élevée du Plateau.

● Son aspect inhabituel, sa rareté, sa réputation d'extrême toxicité en ont fait une plante maléfique. Elle entrait dans la composition de poisons et de philtres. Le suc abondant qu'elle renferme serait en effet très toxique. On raconte ainsi que la plante frottée sur le dos des chevreaux découragerait le chacal. Comme toutes les plantes de cette sorte, on préfère ne pas la nommer et, selon nos informateurs, on ne lui connaît pas de nom au Tassili. À l'occasion pourtant, on dit *afadawdaw*, mot qui traduit le désordre. Dans l'Ahaggar, on emploie *taybăru*, nom utilisé dans l'Ayr.

Glossonema boveanum *aǧeku* ·Ï:·

Une autre Asclépiadacée, peu fréquente, l'*aǧeku*, porte des fruits semblables à ceux de la *taškat*, mais les follicules hérissés, blanchâtres, sont énormes. La plante elle-même est de taille très réduite, ne dépassant guère 15 cm. D'aspect plutôt étalé, elle a des feuilles spatulées épaisses. On rencontre cette saharo-arabique sur le Plateau dans la pierraille. Nos informateurs précisent qu'elle est toxique au Tassili. Dans l'Ayr, par contre, son fruit est consommé : il fait la joie des enfants.

Pergularia tomentosa *taškat* +ⵛ⁖+

● Cet arbrisseau vivace, qui peut atteindre jusqu'à 1 m, voit ses jeunes rameaux volubiles s'enrouler autour des plus anciens, lui donnant un aspect touffu. Des poils courts recouvrent toute la plante et en particulier ses feuilles opposées, vert amande, en forme de coeur. Les inflorescences en grappes abondantes au bout de longs pédoncules sont de couleur blanc jaunâtre. Les fruits, composés de deux follicules, portent de petites pointes et, à maturité, laissent échapper des graines à aigrettes blanches. *Pergularia* produit un lait corrosif.

● Espèce saharo-arabique, la plante est assez fréquente et pousse souvent en buisson isolé aussi bien en altitude sur le Plateau qu'au pied des falaises. On la trouve dans les oueds sablo-argileux mais aussi sur les regs.

● Le caractère corrosif de la *taškat* est bien connu des Touaregs, qui ne manquent pas d'attirer l'attention sur cet « acide qui vous brûlera les mains si vous le touchez ». Lors du tannage, on exploite encore largement ces propriétés. La plante entière, écrasée et étalée en emplâtre sur les peaux, en fait tomber les poils en quelques jours. Elle est utilisée de la même manière sur les piqûres de serpent. Aucun autre usage médicinal ne nous a été rapporté bien que, selon Maire, elle ait servi pour de nombreux remèdes dans l'Ahaggar.

Solenostemma argel *aghăllašăm* ·:ǁƏ[

● Cet arbrisseau buissonnant vivace attire le regard par son allure luxuriante, la profusion de ses fleurs très odorantes et ses fruits surprenants. Les vigoureuses tiges portent des feuilles opposées, un peu épaisses, coriaces et vert amande. Les inflorescences blanches, en ombelles denses, s'insèrent à l'aisselle des feuilles supérieures. À maturité, l'*aghăllašăm* se couvre de gros follicules renflés, violet foncé, lisses, qui font ployer les tiges sous leur poids. On rencontre plus fréquemment dans la région de Djanet des plantes à follicules verts, plus ou moins tachetés de violet. *Solenostemma* atteint en général 60 cm, parfois beaucoup plus. Toute la plante dégage une forte odeur. Les tiges brisées laissent échapper un suc visqueux.

● Très répandue au Tassili, cette plante est présente partout, au pied des falaises, dans les zones rocailleuses, fréquente autour de Djanet, dans la Tadrart. Il s'agit d'une espèce tropicale.

● L'*aghăllašăm* est peu apprécié par les animaux, chameaux ou chèvres. Mais les mouflons et gazelles le broutent.
Ses utilisations médicinales sont multiples. À Djanet on lui accorde une place importante, encore aujourd'hui, pour toutes les affections de l'appareil respiratoire, en décoction dans du lait ou en infusion. La plante est aussi utilisée comme fébrifuge et susceptible de soigner le diabète. Séchées à l'air ou sur les cendres, les feuilles réduites en poudre traitent les rhumatismes. Le suc des tiges étalé sur les plaies aide à la cicatrisation et celui du fruit serait même un collyre efficace. Autrefois, l'*aghăllašăm* était une des plantes utilisées en « thé ». En usage domestique, il peut servir de savon pour le corps et le linge. Pourtant, selon certains spécialistes, *Solenostemma* serait très toxique.

Anvillea garcinii subsp. *radiata* *akaḍkaḍ* ⵂⴹⴾⴹ

● Sous-arbrisseau buissonnant, *Anvillea* dresse ses tiges très rameuses. Les feuilles, vert bleuté, se présentent sous forme de petites spatules presque sessiles, allongées et à bords dentés. Les inflorescences disposées en larges capitules jaune orangé sont entourées de feuilles rayonnantes et de bractées coriaces et piquantes. Toute la plante dégage un parfum discret et agréable. Les pieds ligneux peuvent attendre apparemment desséchés pendant plusieurs années avant de reverdir à la pluie revenue.

● Cette endémique pousse dans tout le Sahara. Dans la région il s'agirait, d'après Ozenda, de la variété *australis*, qui affectionne les petites dépressions sablo-argileuses dans les terrains rocheux et les oueds à sables grossiers, surtout sur le Plateau du Tassili. On la rencontre souvent près de *Nauplius graveolens* et de *Pulicaria incisa*, le fameux couple *amăyu - tamăyut*.

● L'*akaḍkaḍ* est un pâturage que chameaux et chèvres ne dédaignent pas. Il est surtout important pour ses vertus médicinales. Usité largement contre le diabète, on laisse infuser les pousses, à froid ou à chaud. De plus, on reconnaît à l'*akaḍkaḍ* des propriétés digestives.

Artemisia campestris *tağuq* +Ï⋯

● En grandes touffes à tiges dressées, ligneuses à la base, cette Armoise atteint parfois plus de 1 m de haut. Ses tiges rougeâtres portent des feuilles vert sombre, divisées et très étroites. La plante n'est pas laineuse comme les autres Armoises. Les capitules en forme de cônes vert jaunâtre sont très petits. Après la pluie de nouveaux rameaux apparaissent sur la souche ligneuse. Plus fréquemment, on trouve la plante sous sa forme sèche.

● Plante d'origine méditerranéenne, *Artemisia campestris*, l'Aurone, pousse principalement en altitude sur les différents plateaux du Tassili. Elle est abondante dans les lits d'oueds sablonneux et ne dédaigne pas des zones plus rocailleuses.

● Cette Armoise fournit un pâturage médiocre. Elle est reconnue pour ses propriétés médicinales et encore très appréciée des populations locales. Diurétique et emménagogue, on l'utilise sous forme d'infusion ou de décoction pour tout ce qui a trait aux règles irrégulières ou à l'accouchement. Réduite en poudre, on l'ajoute parfois à la nourriture.

Comme les autres Armoises, elle faisait autrefois partie des marchandises transportées par les caravanes vers les pays du Sud et vers les oasis.

Artemisia judaica — ***téharağğălé*** — +⁝ⵔⵢⵍ

● Cet arbrisseau vivace, très rameux, forme de grosses touffes atteignant 60 à 80 cm de hauteur. Les tiges plus ou moins ligneuses ainsi que les petites feuilles divisées sont densément couvertes d'un duvet argenté, donnant à la plante sa couleur vert bleuté. Capitules jaune pâle, bombés, ses inflorescences sont plus grosses que celles des deux autres Armoises. Une odeur très agréable se dégage de toute la plante.

● Cette Armoise est saharo-arabique. La sous-espèce *sahariensis*, propre au Sahara central, abonde dans les lits d'oueds sablonneux : l'oued Edjerew à Djanet en fournit un bon exemple. On la rencontre en fait dans de nombreuses régions, même sur sable grossier et gravillons. Mais elle ne pousse pas sur les hauteurs du Plateau.

● Pâturage médiocre, la *téharağğălé* serait trop laxative pour les animaux. Elle jouit en revanche d'une grande réputation sur le plan médicinal. Autrefois, elle faisait l'objet d'un commerce important. Les caravaniers en emportaient des sacs jusqu'à Agadès. De nos jours, les camionneurs en assurent la distribution dans les oasis du Nord. La *téharağğălé* est utilisée en infusion, en décoction ou séchée et réduite en poudre. Elle soulage les troubles de la digestion et sert de vermifuge. Elle est aussi réputée tonique. Son parfum lui vaut d'être ajoutée dans le troisième thé. On lui attribue des qualités prophylactiques. C'est ainsi qu'on attache au poignet du bébé un petit nouet contenant un peu de téharadillé sèche pour éloigner toute influence néfaste ou maléfique. À Djanet, on ne manque pas d'en mettre quelques branches dans les vignes dès que les raisins sont bien formés afin qu'aucune effluve négative ne les gâte. Il se peut que sa forte odeur chasse les insectes.

Atractylis aristata *amaskăki* ·ⵎⵙⴾ

● C'est une plante vivace très épineuse, de 20 à 30 cm de haut, qui pousse en grosses touffes épaisses. Les tiges ramifiées et dressées portent des feuilles épineuses nombreuses. Les feuilles supérieures, dites involucrales, entourent les capitules jaunes ou blanchâtres. Les épines sont de couleur jaune terne. Quand la floraison se termine, la touffe prend l'allure d'une énorme boule blanche brillante du fait des aigrettes des akènes.

● Cette espèce endémique saharienne se rencontre ça et là au Tassili en pieds isolés, dans les zones rocailleuses de préférence. On signale plusieurs variétés très proches l'une de l'autre qui correspondraient à des zones géographiques différentes.

● L'*amaskăki* est peu brouté par les animaux. On ne connaît pas non plus d'usage médicinal de ce chardon.

Centaurea pungens — *awhantăt* — ⵓⵀⵏⵜⵜ

● Cette plante annuelle se présente en touffe basse, rameuse, de 30 à 40 cm de haut. Les tiges dressées portent de nombreuses feuilles allongées, plus ou moins découpées et crispées sur les bords mais non épineuses. Les fleurs sont groupées en capitules, rose vif ou rose clair. Les bractées qui les entourent présentent des épines puissantes, longues parfois de 2 à 3 cm, doublées d'autres plus courtes. La plante est couverte de poils très courts.

● Cette endémique saharienne est réputée commune au Sahara, mais elle semble plutôt rare au Tassili. Elle est présente par exemple sur le Plateau du Tasset, à Ihérir. Les années favorables, après la pluie, on la voit dans des oueds rocailleux ou à l'abri de parois rocheuses sur de petites plages sablonneuses.

● On nous a proposé le nom de *awhantăt* « sans garantie ! », ce qui est bien la preuve de sa rareté. Aucun usage n'a d'ailleurs été signalé.

Chamomilla pubescens *aynăsnis* ⵓⵏⵙⵏⵙ

● Cette Astéracée annuelle se présente en petites touffes vert sombre aux tiges d'abord couchées se redressant à l'extrémité. Les feuilles très découpées sont plus ou moins velues. De petites fleurs en tube, groupées en capitules jaune vif, s'épanouissent sur des tiges grêles. Toute la plante dégage une odeur très agréable. C'est une annuelle qui sort rapidement après la pluie mais ne résiste pas longtemps.

● Cette espèce endémique nord-africaine est assez commune au Sahara. Au Tassili, elle pousse dans le lit sablonneux des oueds et aussi en pieds isolés un peu partout, même en altitude où des plages sableuses sont présentes.
D'après les informateurs locaux, il y a deux espèces voisines, l'*aynăsnis* étant la plus parfumée, la seconde, l'*awleslis*, pourrait être *Cotula anthemoides*, une plante tropicale signalée dans la région.

● Tous connaissent l'utilisation que l'on fait de l'*aynăsnis* pour clarifier le beurre fondu et chaud. On le filtre à travers les tiges et les feuilles pilées. Il se conserve mieux et se trouve fortement parfumé. Ce beurre de chèvre est très prisé pour accompagner les mets les plus simples. On ajoute aussi l'*aynàsnis* au thé. Également séché et pilé, on le mélange au tabac. Ses qualités aromatiques sont appréciées, de même que ses propriétés antiseptiques.

Chrysanthemum macrocarpum — *témasăswit* ⵜⵎⵙⵙⵓⵜ / *awleslis* ⵓⵍⵙⵍⵙ

● Cette petite plante herbacée annuelle à tiges dressées mesure rarement plus de 10 à 15 cm. Les feuilles un peu charnues sont divisées en très fines lanières vert cru. À l'extrémité des tiges, des inflorescences isolées s'épanouissent en capitules à ligules du pourtour blanches. Les fleurs tubulaires du centre du capitule sont jaunes.

● Il s'agit d'une endémique saharienne assez rare dans le Tassili. Elle pousse après la pluie en pieds isolés dans les petits oueds rocailleux ou plus ou moins ensablés.

● Nos informateurs n'étaient pas très sûrs du nom à attribuer à ce *Chrysanthemum*. Plusieurs le nomment *témasăswit* comme le *Senecio hoggariensis*. On nous a aussi donné *awleslis*, qui a été proposé pour d'autres Astéracées. Aucune utilisation n'a été relevée pour cette plante, sinon qu'elle est broutée par les animaux, surtout les chèvres.
Un autre *Chr. macrocarpum*, plus élevé que le précédent, à tiges rameuses, se rencontre plus fréquemment encore, notamment dans les oueds du piémont. Différent surtout par ses fleurs à ligules jaunes, il s'agit sans doute de la variété *aureum*. On le nomme également *témasăswit*.

Cotula cinerea *takkélt* +∵ǁ+

● *Cotula* est une petite plante herbacée annuelle, dépassant rarement 15 cm. Ses tiges poussent plus ou moins couchées et ne se redressent qu'aux extrémités. D'aspect laineux, couverte de petits poils denses, elle porte des feuilles vert blanchâtre, épaisses et très découpées. Les capitules jaune pâle ou jaune d'or sont relativement petits.

● Espèce saharo-arabique, cette plante aime les sols sablonneux et les lits d'oueds, au pied du Tassili par exemple. Après la pluie, elle apparaît en nombre sur de vastes surfaces mais se dessèche rapidement. Elle n'est cependant pas fréquente.

● La *takkélt* est pâturée surtout par les chèvres. Ses propriétés aromatiques lui valent d'être très appréciée dans le thé qu'elle a longtemps remplacé. Séchée, on l'utilise en infusion pour faciliter la digestion. Aujourd'hui, la *takkélt* est encore ramassée et fait l'objet d'un commerce local. Tout comme l'*akâmăn*, elle a la réputation de bien conserver ses propriétés en séchant.

Echinops spinosissimus *téfăryast* ⵜⵉⵔⵢⵙⵜ

● Cette plante, dont les tiges raides de couleur brune ou rougeâtre poussent en hauteur, atteint parfois plus de 1 mètre. Les feuilles sont rares mais impressionnantes : très longues, de 10 à 20 cm, elles deviennent extrêmement épineuses. L'inflorescence se présente sous la forme d'une grosse boule souvent unique d'environ 4 à 6 cm de diamètre, hérissée elle-même de longues épines. Les petites fleurs à corolle en tube qui la composent, d'abord verdâtres comme le reste de la plante, passent ensuite du blanc au blanc jaunâtre.

● Espèce saharo-arabique, la *téfăryast* pousse un peu partout mais préfère les sols caillouteux. Sur le Plateau des Meddak on la rencontre, isolée ou groupée par deux ou trois, entre les blocs dans des endroits abrités, les oueds rocheux encaissés, par exemple. Elle a donné son nom au site rupestre de Ti n-Tefaryast.

● Le cœur des fleurs jeunes est mangé à la manière des artichauts. C'est la seule utilisation que nous ayons relevée. Dans le passé, la tige sèche de *téfăryast* servait d'amadou et les étamines d'étoupe dans les briquets à pierre. Les chameaux et les chèvres apprécient la *téfăryast*.

Ifloga spicata *ahyuf n-ekli* ·⁞≤:ⵊ ⵏ:ⵍ

● Cette plante herbacée annuelle parfois très petite peut atteindre 20 cm quand les pluies sont abondantes. Elle forme des touffes vert grisâtre dû aux poils la recouvrant. Les tiges droites, certaines couchées, d'autres dressées, partent toutes du pied et s'habillent de nombreuses petites feuilles étroites et de capitules jaunes minuscules. L'implantation particulière des inflorescences « en hélice » autour de la tige et l'aspect densément chevelu rendent *Ifloga* facilement reconnaissable.

● Saharo-arabique, *Ifloga* est très présente dans tout le Sahara. Pas très fréquente dans la région tassilienne, où on la trouve en pieds isolés, cette annuelle pousse sur les terrains rocailleux et, après la pluie, apparaît également dans les épandages argileux comme dans la Tadrart.

● On l'appelle *ahyuf n-ekli*, nom qui évoque une chevelure crépue. Écrasée, la plante pourrait servir pour soigner certaines dermatoses. Elle est pâturée à l'occasion.

Launaea nudicaulis *aghararăm / aghăram* ⵣⵓⵓⵖ ⵣⵓⵖ

● Cette herbacée de 20 à 40 cm de haut présente à la base une rosette de feuilles allongées, bien découpées en lobes, bordées de petites dents brillantes. Du centre de la rosette partent des tiges très rameuses, certaines couchées, d'autres plus ou moins dressées portant de nombreux capitules liguliflores disposés tout le long. Les fleurs en languettes sont jaune vif.

● On ne rencontre pas très fréquemment cette annuelle méditerranéenne, pourtant assez commune dans le Sahara. Elle pousse de préférence sur les terrains caillouteux. Elle est souvent confondue avec *L. mucronata** ou *L. capitata*. Leurs feuilles sont ressemblantes et, quand les fleurs apparaissent, toute équivoque n'est pas levée.

Les botanistes qualifient d'ailleurs ces Astéracées de très polymorphes.

● On appelle *L. nudicaulis*, *aghărăram*, mais parfois les nomades lui donnent le nom de *éghardăli*, qu'ils attribuent aussi aux autres *Launaea*. L'*aghărăram* constitue un bon pâturage pour les chamelles allaitantes ainsi que pour les chèvres. On ne lui connaît pas d'usage médicinal mais les jeunes pousses peuvent être consommées crues ou cuites.

* Voir détail de la rosette

Nauplius graveolens — *amayu* — I[⩽:

● C'est un sous-arbrisseau touffu à tiges dressées qui peut atteindre 50 cm. Les rameaux blanchâtres, sauf aux extrémités, s'étalent volontiers, se divisant juste en dessous des fleurs. Ils portent des feuilles velues, allongées, plus ou moins découpées. Les grands capitules jaune d'or se retrouvent entourés des feuilles supérieures qui les dépassent nettement. À maturité, les akènes se forment, bien visibles, un peu arqués. Cette espèce vivace aux rameaux ligneux à la base, prend des formes et des dimensions très variables selon les saisons.

● Présente dans tout le Sahara, cette plante saharo-arabique préfère les cuvettes sablo-argileuses. On la voit ainsi fleurir en énormes bouquets le long des pistes, là où l'argile a été dégagée, mais également sur le Plateau, profitant de petites plages sableuses entre les dalles de grès.

Localement, il semble y avoir amalgame avec *Pulicaria incisa* qui est également très feuillue et odorante. Certains informateurs nomment les deux *amayu*, d'autres y voient un couple *amayu-tamayut*.

● L'*amayu* est d'abord considéré comme un très bon remède pour les affections respiratoires, rhume de cerveau, sinusite ainsi que les névralgies faciales. En général, le suc des feuilles fraîches écrasées est utilisé en gouttes nasales. On peut en faire des cataplasmes contre la migraine. Pour les enfants on en préfère l'usage sous forme d'infusion. Certains le préconisent en infusion contre le diabète. L'*amayu* peut être ajouté au thé pour le parfumer, mais son odeur trop forte réduit cet emploi. Les animaux le broutent volontiers.

Perralderia coronopifolia *awarhăḍ* ⵓⵔⵂⴹ

● Plante herbacée vigoureuse, *Perralderia* forme de belles touffes d'un vert foncé caractéristique. En temps ordinaire, elle mesure 10 à 15 cm mais en saison humide, elle atteint bien les 50 cm. Les tiges rameuses, striées, brun-roux dans la partie inférieure, se couvrent de feuilles denses, divisées en fines lanières charnues. De gros capitules jaune orangé, entourés de bractées étroites, s'élèvent sur de longues tiges. La plante rencontrée au Tassili n'est pas velue comme indiqué dans la Flore, où elle est signalée avec des inflorescences d'un jaune uniforme alors qu'ici, elle présente des fleurs jaunes, couronnées de rouge.

● Cette annuelle, endémique saharienne, croît seulement dans quelques zones rocheuses du Plateau, oueds ou éboulis, ainsi à Tamrit, à Jabbaren ou sur le reg. Parfois des souches épaisses font penser à des pieds persistants.

● L'*awarhăḍ* est redouté des éleveurs à cause de sa forte toxicité, qui provoque la mort des chameaux. Il serait un peu moins dangereux pour les chèvres. Les animaux semblent d'ailleurs l'éviter d'eux-mêmes, probablement en raison de son odeur désagréable. Les bergers n'hésitent pas à en couper les fleurs, les considérant comme un sérieux danger.

Picris asplenioides — *tasuyyé* — ⵜⵙⵉ

● C'est une plante herbacée annuelle de faible hauteur, plutôt couchée. Les tiges fines, peu ou pas ramifiées, se relèvent légèrement aux extrémités et portent des inflorescences d'un jaune éclatant. Les feuilles en rosette à la base sont allongées, découpées et couvertes de poils raides. Les capitules, très particuliers, appartiennent à la catégorie des Astéracées dites liguliflores. Ces fleurs se présentent toutes en ligules ou languettes. A la différence du *Chrysanthemum* ou de la Marguerite, elles n'offrent pas deux aspects : un de ligules en collerette sur le pourtour, un second de fleurs tubulaires plus courtes et serrées au milieu.

● Cette endémique maghrébine apparaît après la pluie dans les sols un peu sablonneux, en pieds isolés ou, plus rarement, en tapis importants. On reconnaît bien la *tasuyyé* à la forme particulière de ses fleurs et au point sombre qui orne le centre. Cependant, la distinction entre un certain nombre de plantes à fleurs jaunes demande beaucoup d'attention, comme c'est le cas pour les différentes *Launaea*.

● La *tasuyyé* est broutée par les chèvres et les chameaux. On ne nous a pas cité d'autres usages.

Pulicaria crispa *ténăḍfért* ⵜⵏⴹⴼⵔⵜ

● On trouve cette Astéracée en larges touffes vert pâle, aérées, de 40 à 60 cm de haut. Les tiges souples, très rameuses, portent de petites feuilles alternes allongées, presque linéaires et crispées. Toute la plante est velue et plus ou moins blanchâtre. Les fleurs se présentent en petits capitules nombreux d'un jaune lumineux. C'est une plante vivace qui résiste bien à la sécheresse et que l'on voit à profusion en toute saison.

● Espèce saharo-arabique, très répandue partout au Tassili, elle préfere les terrains sablo-argileux et colonise parfois les lits d'oueds sur de vastes superficies. Les Orobanches la parasitent assez fréquemment.

● La *ténăḍfért* procure un pâturage moyen. La plante, non odoriférante, n'est pas utilisée en médecine traditionnelle. On lui préfère *Pulicaria incisa.*

Pulicaria incisa — *tamăyut* — ⵜⵎⵢⵜ

● Cette Pulicaire, annuelle ou occasionnellement pérenne, de même port que la précédente, est également très rameuse. En revanche, elle est abondamment garnie de feuilles allongées, plus larges, et nettement embrassantes, aux bords ondulés. Les tiges supportent des fleurs jaunes en capitules larges et nombreux. La plante reverdit rapidement après la pluie. De longues tiges apparaissent sur les vieilles souches plus ou moins ligneuses. D'autres pieds semblent être des herbacées annuelles. Toute la plante dégage une odeur agréable, très semblable à celle de *Nauplius graveolens (amayu).*

● Comme les autres Pulicaires, elle est saharo-arabique. Fréquente au Tassili, elle pousse dans les lits d'oueds à tous les niveaux, même sur les terrains rocailleux du Plateau, souvent dans les mêmes lieux que *Nauplius.*

● Les utilisations sont identiques à celles de l'*amayu* avec lequel elle forme un couple dans le classement adopté localement.

Senecio flavus ***telubaghat*** ⵜⵍⴱⵖⵜ

tidé n-tenet ⵜⴷⵏⵜⵏⵜ

● Cette espèce annuelle de Senecio, plus rare que *S. hoggariensis*, se rencontre également dans la région. Elle ne pousse que sur le Plateau au pied des parois rocheuses bien abritées et conservant l'humidité. On la remarque d'abord par les taches de couleur qu'elle fait sur le sol argileux. Ses feuilles, vert sombre sur une face, se présentent violet profond sur l'autre. Autre curiosité : sur une même tige, les feuilles en forme de coeur, peuvent être pétiolées, puis sessiles, puis embrassantes, selon leur position.

Senecio hoggariensis — *témăsăswit* — ⵜⵎⵙⵙⵡⵜ

● Cette annuelle herbacée très rameuse à tiges dressées mesure parfois 50 cm mais souvent beaucoup moins. Les feuilles charnues sont extrêmement découpées, à lobes parfois linéaires. Les tiges portent des inflorescences longuement pédonculées en capitules jaune d'or. Sur le terrain on ne remarque pas la couleur pourprée des fleurs indiquée dans la flore pour cette espèce.

● La *témăsăswit* est fréquente dans les jardins de Djanet, mais on la rencontre également dans les oueds sablonneux jusque sur le Plateau du Tassili.

● Ce *Senecio* n'est pas réputé pour être un pâturage, mais on ne souligne jamais la toxicité possible alors que ce genre est connu pour ses alcaloïdes.

Seriphidium herba-alba *zazăré* ⵣⵣⵔ

● Cette espèce, mieux connue sous la dénomination *Artemisia herba-alba*, pousse en petits buissons rameux blanc argenté. Elle se distingue de *Artemisia judaica* par son duvet laineux plus dense, qui recouvre toute la plante, par des feuilles enchevêtrées, finement divisées, et des inflorescences en très petits capitules plutôt allongés. Comme la précédente, le zazàré repousse sur les tiges ligneuses après la pluie et résiste bien à la sécheresse.

● *Seriphidium herba-alba*, méditerranéenne d'origine, est la plante des steppes de l'Atlas saharien. Au Tassili, elle pousse en altitude, sur le Plateau, dans les oueds caillouteux qui offrent un peu de sable, mais elle n'est pas très fréquente.

● Le *zazăré* possède les mêmes qualités médicinales et aromatiques que la *téharağğălé*. On lui prête même plus d'efficacité et de parfum. S'il est réputé comme le pâturage par excellence des moutons de l'Atlas, il est peu brouté ici.

Varthemia sericea *tağărt n-esăli* ⵜⵗⵔⵜⵏⵙⵍ

● L'aspect de cette plante, mesurant entre 30 et 40 cm, est très variable selon les conditions atmosphériques. En période humide, elle développe de belles feuilles veloutées sur des tiges souples, partant d'une souche plus ou moins ligneuse. Quand la sécheresse sévit, *Varthemia* présente de fines tiges raides et dressées, à rameaux nombreux avec des feuilles alternes épaisses un peu velues et de petite taille. Les fleurs jaunes en tout petits capitules tombent rapidement, laissant des bractées raides, blanc argenté. Toute la plante dégage une odeur tenace très agréable.

● Cette endémique saharienne est une plante rare, pourtant bien présente au Tassili n-Ajjer. Elle pousse souvent en pieds isolés, toujours dans les sols rocailleux, où elle se glisse entre les dalles, comme son nom l'indique : *esăli* est une dalle rocheuse. On la voit dans les parties les plus hautes du Plateau, Tamrit et Jabbaren. Nous l'avons aussi observée plus à l'ouest, vers Tasset et sur le Messak.

● Avant que le thé ne soit répandu au Sahara, on préparait des infusions de *tağărt n-esăli* que l'on sucrait avec des dattes. La plante parfume encore le troisième thé. Ses propriétés médicinales sont reconnues contre le refroidissement et pour laver les yeux. On filtre alors les feuilles réduites en poudre et on les imbibe d'un peu d'eau pour obtenir un collyre.

Arnebia decumbens *égher* :○

● Cette plante herbacée annuelle pousse en petites touffes compactes dépassant rarement les 20 cm. Les feuilles partant de la base sont très allongées et revêtues de poils courts comme chez toutes les Boraginacées. Les feuilles supérieures, plus petites, couvrent densément les rameaux. Les fleurs jaunes aux corolles tubuleuses droites sont disposées en cymes courtes, qui se déploient en longueur après la floraison. La racine pivotante rouge-violet déteint fortement.

● Endémique des régions sahariennes et arides, cette annuelle n'est pas très fréquente. Elle pousse après la pluie et résiste bien à la sécheresse. On la trouve dans les lits d'oueds à sables grossiers et dans toutes les zones plus ou moins sablo-argileuses du Plateau.

● Sa racine est utilisée pour son pigment : les femmes apprécient ses qualités pour leur maquillage.
L'*égher* constitue un pâturage moyen.

Echiochilon fruticosum *ahăw* ·⁝:

● Cet arbrisseau très rameux mesure de 30 à 40 cm de haut et porte de très longues tiges sinueuses blanchâtres dont les parties plus anciennes virent au brun rougeâtre. Toute la plante est couverte de poils blancs très fins. Les feuilles sessiles réduites et étroites s'enroulent légèrement sur les bords. Les petites fleurs bleues ont une corolle un peu irrégulière en tube à cinq pétales.

● Cette Boraginacée est présente dans le nord du Sahara et le Maghreb dont elle serait endémique. Peu fréquente au Tassili, elle croît après la pluie. On en rencontre des pieds isolés sur le Plateau dans des terrains rocailleux ou un peu sablonneux.

● Les animaux, chèvres ou chameaux, broutent l'*ahăw*. Certains disent que la plante donnerait un goût désagréable au lait de chèvre.

Echium humile *taynăst* ⵜⵉⵏⵙⵜ

● Cette plante herbacée annuelle extrêmement velue n'est pas très élevée et se développe au ras du sol. Elle émet des tiges garnies de fleurs en cymes fournies qui s'allongent au fur et à mesure de la floraison. Les corolles en tubes arqués sont d'un rouge violacé lumineux qui passe ensuite au bleu.

● *Echium humile* est une endémique des zones sahariennes et arides d'Afrique du Nord. Dans la région elle est plutôt rare, poussant en touffes isolées dans les lits d'oueds à sables grossiers, sur le Plateau ou plus bas. *E. humile* a pour synonyme *E. trygorrhizum.*

● Cette Vipérine est un très bon pâturage pour les chameaux. Aucun usage médicinal n'est signalé. Mais les femmes en utilisent la racine, de couleur écarlate, pour se maquiller.

Heliotropium ramosissimum *tahănna* +⁝ǀ

● Cette plante de 40 à 60 cm présente des tiges rameuses dressées et bien feuillues. Elle se reconnaît à sa pilosité abondante qui lui confère un aspect vert blanchâtre. Les feuilles allongées sont crispées sur les bords. Les inflorescences en cymes recourbées comportent de petites fleurs blanches qui émergent de sépales très velus. Les avis divergent, chez les nomades comme chez les botanistes, sur le fait de savoir si cette espèce est ou non vivace.

● Cette espèce saharo-arabique se rencontre dans tout le Sahara. Dans la région on la trouve aussi bien en haut du Plateau qu'à plus basse altitude. Après la pluie, de véritables pâturages de *tahănna* apparaissent parfois dans les zones sablo-argileuses. Il se peut qu'il y ait plusieurs espèces d'*Heliotropium*, différentes par leur port et leur capacité à repousser sur de vieilles souches.

● La *tahănna* est appréciée par le petit bétail comme par les chameaux. Elle fournit aussi un pâturage sec recherché. On ne nous a pas confié d'utilisation thérapeutique. En revanche, on nous a signalé que près des cultures, la plante doit être éliminée en raison d'une certaine toxicité.

Moltkiopsis ciliata *aginăs* ·ꓘI⊙

● Ce petit arbrisseau de couleur vert argenté n'atteint guère plus de 15 à 20 cm. Plus ou moins ligneux à la base, il étale sur le sol de nombreux rameaux blanchâtres. Il est tout entier hérissé de poils durs et piquants. Alternes et sessiles, les feuilles sont un peu coriaces. Les inflorescences se déploient en cymes allongées. Les fleurs à corolles tubuleuses virent du grenat au rose. Toutefois, on signale également des pieds aux fleurs plus bleutées.

● Cette plante saharo-arabique pérenne résiste bien à la sécheresse. On la trouve sur les dunes, dans les oueds ensablés, où elle côtoie *tullult* ou *aẓrăn*. Les nomades signalent une autre forme très proche de l'*aginăs*, une variante féminine dans leur classement propre : il s'agit de la *taginăst* que nous n'avons pu déterminer.

● La plante est très appréciée par les animaux, en particulier en pâturage sec. Elle favorise notamment la production de lait chez les chamelles.

Trichodesma africanum — *alkah / talkaht* ⴰⵍⴾⵂ ⵜⵍⴾⵂⵜ

● On a encore ici une plante annuelle mais occasionnellement pérenne à port variable. Rameuse, ses tiges sont blanches, raides et ses feuilles opposées, petites et effilées. Tiges et feuilles sont hérissées de longs poils. D'ordinaire, elle mesure entre 20 et 40 cm. Dans d'autres cas, la plante, beaucoup plus densément feuillue, peut atteindre 60 à 70 cm. Les fleurs, petites, en cymes lâches, s'épanouissent au bout de fins pédoncules. Les corolles portent cinq pétales bleu profond ou bleu pâle, parfois blancs, tachés de brun, d'où émergent des étamines soudées. Cette Boraginacée est présente même les années sèches.

● Cette espèce se rencontre fréquemment au Tassili, sur le Plateau, à proximité des oueds rocailleux, parfois entre les blocs rocheux, dans le piémont également, sur les sables grossiers des oueds et des regs. Il est difficile de dire si les deux aspects de la plante correspondent à des conditions climatiques particulières ou à des espèces différentes. Les nomades de la région sont formels : il y a deux plantes très proches, le masculin : *alkah* et le féminin *talkaht*. Certains botanistes ont ainsi proposé une forme *Trichodesma gracile*, endémique du Tassili.

● Comme la *talkaht*, l'*alkah* est un bon pâturage, en particulier pour les chameaux, qui ne doivent cependant pas en consommer trop à la fois. On peut ajouter aux salades les jeunes feuilles un peu charnues et au goût délicat.

Anastatica hierochuntica *akaraba* ·∴○◑

● Cette plante annuelle vert-gris est formée d'une rosette de rameaux courts et feuillus, densément poilus. En général, elle ne mesure guère plus de 10 cm mais peut atteindre le double après des pluies abondantes. Les tiges étalent sur le sol leurs feuilles oblongues, faiblement crispées sur les bords. De minuscules fleurs blanches apparaissent en grappes. A maturité, les rameaux se couvrent de petits fruits ovoïdes, les feuilles tombent et, dès que l'humidité disparaît, la plante s'indure en se desséchant. *Anastatica* a la particularité de se replier en boule ligneuse par temps sec et de s'étaler en étoile sur le sol dès que la pluie est suffisante. Impossible d'imaginer une parenté entre les pieds desséchés et recroquevillés vus dans la Tadrart aride et les jeunes plants verdoyants et fleuris qui peuplaient les oueds du Plateau un certain printemps bien arrosé !

● Cette plante saharo-arabique, encore appelée Rose de Jéricho, connue jusqu'en Iran, pousse un peu partout au Tassili, de préférence dans les dépressions argilo-sableuses. On connaît la réputation des « champs » d'*akaraba* de l'oued Indjaren. Sur le Plateau du Tassili, en terrain rocailleux, on rencontre l'*akaraba* dispersé, généralement de plus petite dimension. On réfutera l'opinion qui veut que le vent emporte ces boules ligneuses et disperse ainsi les graines. En réalité, la plante est profondément ancrée dans le sol par une racine longue et pivotante.

● Les usages connus ou divulgués au Tassili sont surtout d'ordre prophylactique. D'aucuns ont su déceler une ressemblance entre la plante sèche et les serres d'oiseau de proie ou la main fermée, ce qui lui conférerait un rôle protecteur ou dissuasif. En infusion ou en macération, elle fournirait un remède préventif contre diverses affections et elle aiderait les femmes à accoucher.

Diplotaxis acris *azăzăğa* ⴰⵣⵣⵖ

● Cette grande plante herbacée annuelle possède des tiges épaisses d'environ 40 à 60 cm, hérissées de poils. Les feuilles plus ou moins dentées s'étalent largement dans la partie inférieure de la plante. Les fleurs à quatre pétales en grappes fournies à l'extrémité des tiges sont de couleur blanc rosé ou veinées de violet, selon l'âge. A maturité se forment des siliques allongées et dressées. *Diplotaxis acris* pousse après la pluie et résiste bien avant de sécher.

● Cette espèce saharo-arabique est assez fréquente au Tassili dans les dépressions argilo-sableuses et les zones inondables. Ainsi, la dépression de Tegharghart, près de Djanet, offre un pâturage épais d'*azăzăğa* après le retrait de l'inondation. Elle est aussi présente sur le Plateau où ses taches de couleur, dans le lit caillouteux des oueds, illuminent les roches noires alentour.

● Très bon pâturage pour tous les animaux, l'*azăzăğa* est surtout apprécié des chamelles. Toutefois, elles ne doivent pas en consommer trop. En usage alimentaire, la plante est cuite à l'eau pour atténuer son goût fort. Elle fait d'ailleurs partie de cette longue liste de « feuilles » utilisées dans la préparation des sauces et des assaisonnements qui apportent encore de nos jours des compléments utiles aux nomades.

Diplotaxis harra *efăs* Ⅱ⊙

● Cette plante herbacée annuelle dresse de longues tiges fines de 50 à 60 cm de haut. Elles sont feuillues plutôt à la base. Les feuilles se présentent plus ou moins dentées. Les fleurs jaune vif apparaissent plus petites que celles de *Diplotaxis acris*. Les tiges portent des siliques étroites, allongées et pendantes. La plante sort après la pluie.

● Cette espèce saharo-arabique est donnée pour commune dans le nord du Sahara. Au Tassili, on la rencontre sur le Plateau dans des lits d'oueds caillouteux où elle pousse en touffes isolées et, bien plus rarement, dans les oueds de piémont

● Comme l'*azăzăğa*, l'*efăs*, cuit à l'eau, se mange en légume et entre dans la composition des sauces. Il est pâturé par les animaux.

Eremobium aegyptiacum *almaruğăt* ⵍⵎⵔ:ⵋⵜ

● Cette herbacée pérenne ou annuelle selon les situations, d'environ 15 à 20 cm, un peu rameuse, possède des tiges frêles qui sont garnies de poils fins serrés, légèrement cotonneux, ce qui lui donne un aspect feutré. Les feuilles alternes, entières, sont étroites et de petite taille. Les fleurs, à 4 pétales comme celles de toutes les Brassicacées (anciennement les Crucifères), apparaissent tantôt blanches, rosées, tantôt mauves ou rouges et colorent délicatement les dunes au moment de la floraison. Les siliques sont longues et dressées. Cet *Eremobium* pousse après la pluie et, trop fragile, ne se maintient que peu de temps.

● Espèce saharo-arabique, *E. aegyptiacum* est fréquent sur les terrains sablonneux, oueds ou dunes de la région. Quand les conditions sont favorables de véritables tapis d'*almaruğăt* couvrent le sable. Au Tassili il s'agit certainement de la sous-espèce *longisiliquum*.

● L'*almaruğăt* est un excellent pâturage pour tous les animaux ; il a la réputation de faire grossir les chamelles.

Eruca sativa *tanăkfayt* ⵜⵏⴾⴼⵢⵜ

● Cette *Eruca* est une grande plante herbacée annuelle qui dépasse le mètre dans certaines régions les années bien arrosées. Ses fortes tiges portent des feuilles très découpées, parfois en forme de lyre, et de nombreuses fleurs de couleur jaune pâle. Les siliques se dressent le long de la tige.

● Cette espèce cosmopolite se retrouve en compagnie de *Diplotaxis acris* sur les zones d'épandage et les terrains sablo-argileux des dépressions après la pluie. Mais on la voit aussi dans certains oueds rocailleux du Plateau, poussant drue entre les blocs.

● Tout comme l'*azăzăğă*, la *tanăkfayt* est un pâturage recherché pour tous les animaux, surtout les chameaux.
Ses feuilles cuites servent également dans l'alimentation. Jeunes et tendres, on les mange crues en salade, ce qui n'a rien d'étonnant puisque *Eruca* n'est autre que la Roquette.

Farsetia aegyptia *timẓar* +[ⵣⵔ

● C'est un arbrisseau vivace très rameux, de couleur vert pâle, pouvant atteindre 30 à 40 cm. Ses tiges dressées plus ou moins ligneuses portent de longues feuilles étroites, couvertes de petits poils comme toute la plante. Les fleurs nombreuses à quatre pétales blancs en étoile donneront des siliques larges et plates, contenant des graines dotées d'ailes membraneuses argentées. Ces fruits ressemblent à ceux de la plante communément appelée Monnaie du pape, également une Brassicacée.

● Cette espèce saharo-arabique se plaît sur le Plateau du Tassili, entre les blocs rocheux, et aussi dans les lits d'oueds plus sablonneux à altitude plus basse. Deux autres espèces de *Farsetia* : *F. ramosissima* et *F. occidentalis* sont également présentes dans la zone en pieds isolés.

● Les chameaux et les chèvres apprécient la *timẓar*, qui est un bon pâturage.
Aucune autre utilisation ne nous a été signalée. On prend d'ailleurs bien soin de l'éviter, car les minuscules poils sont très irritants au toucher.

Matthiola longipetala *tamaḍé / tamadé* ⵜⵎⴹ ⵜⵎⴷ

C'est une plante herbacée annuelle à tiges dressées, qui dépasse rarement 20-30 cm, de couleur gris verdâtre. Les feuilles, plus abondantes au pied que sur les longues tiges, sont allongées, étroites et un peu velues comme le reste de la plante. Ses tiges portent de rares fleurs blanches ou parfois violettes à quatre pétales linéaires, à bords crispés. Les siliques longues et étroites présentent deux petites excroissances à leur extrémité.

Plante saharo-orientale, *M. longipetala* est bien répartie dans le Sahara. Dans la région, elle sort après la pluie, de préférence dans les oueds sablonneux ou pierreux jusque sur le Plateau, et peut résister à la sécheresse un à deux mois.

Aucun usage n'est signalé. Les chèvres apprécient la *tamaḍé*. Le même nom semble désigner une autre Brassicacée, *Moricandia aryensis*, aux feuilles plus larges et embrassantes, pourtant sensiblement différentes. Cet arbrisseau d'origine méditerranéenne est courant dans les massifs du Sahara central. *Moricandia* constitue un excellent pâturage.

Morettia canescens *aslâgh* ·ⵙⵍⵗ

● Cette Brassicacée très rameuse ne mesure guère plus de 30 à 40 cm de haut. Entièrement couverte de poils courts, la plante est blanchâtre. Les fleurs à quatre pétales, petites et nombreuses, en ombelles, poussent sur d'épaisses tiges, à l'aisselle des feuilles. Ces dernières sont sessiles, en forme de spatule. De nombreuses siliques courtes, dressées, laissent deviner les parois séparant les graines. Elles portent un petit appendice à l'extrémité.

● Saharo-arabique, *M. canescens* pousse après la pluie dans les oueds argilo-sablonneux mais également dans la rocaille jusque sur le Plateau, et elle résiste bien à la sécheresse.

● L'*aslâgh* est considéré comme un excellent pâturage, frais ou sec, pour engraisser les chameaux. Il s'agit d'une des plantes de l'*akasa* qui couvre rapidement le terrain après des pluies abondantes.

Schouwia thebaica *alwăt* ⴰⵍⵡⵜ

● Grande herbacée annuelle à tiges ramifiées, *Schouwia* peut atteindre 1 m dans des conditions favorables. Elle dispose de larges feuilles embrassantes, charnues, vert bleuté, plus ou moins en forme de coeur. Les fleurs en grappes à l'extrémité des tiges, parfois de belles dimensions, ont quatre pétales violet mauve du plus bel effet. Les fruits aplatis, ou silicules, sont bordés par une aile. Parfois, la pluie fait naître un véritable tapis végétal impressionnant. On a même parlé de prairies…

● *Schouwia thebaica* est une espèce saharo-arabique abondante au Tassili comme dans tout le Sahara central. Elle affectionne les zones où les rochers laissent place au sable, le pied des falaises ou, sur le Plateau, l'abri des parois. Si la saison est humide, la plante monte à l'assaut des éboulis, profitant du peu de terre retenue entre les blocs. Elle pousse aussi en terrain sablonneux où elle couvre alors de vastes étendues.

● L'*alwăt* est considéré comme un excellent pâturage pour les chameaux comme pour les chèvres. Sa présence détermine les déplacements des troupeaux de chameaux.
Les feuilles peuvent être consommées cuites, ajoutées à des bouillies ou à des sauces, mais elles ne sont pas spécialement appréciées. On lui a attribué divers noms tel que « chou du désert ».

Zilla spinosa *aftaẓẓăn* ·ⵊ+ⵌⵏ

● Cette vivace extrêmement rameuse pousse en grosses touffes pouvant atteindre 1 m et plus. L'aspect de ce *Zilla* varie d'une façon surprenante. Dans sa jeunesse, plante herbacée aux larges feuilles vertes un peu charnues et bien souples, qu'elle perd ensuite, elle passe au violacé et se lignifie de plus en plus en rameaux jaunâtres intriqués, formant d'impressionnantes épines. Les fleurs rose-mauve, en général très nombreuses, transforment les pieds en énormes bouquets. Les fruits globuleux, appelés silicules, ressemblent vaguement à des pois chiches. Les pieds pourront résister à une sécheresse sévère et repousser ensuite. On observe aussi de jeunes plantules.

● Espèce saharo-arabique, cette plante épineuse, bien présente au Sahara central, est très fréquente dans la région sur les terrains sableux ou à gravillons, aussi bien sur le Plateau que dans les oueds de piémont, où elle accompagne souvent *Panicum turgidum (afăẓu)*.

● Les animaux sont très friands d'*aftaẓẓăn*, surtout les chameaux. Réduit en poudre, l'*aftaẓẓăn* est parfois ajouté au tabac.

Capparis spinosa *tălulut* +ǁǁ+

● Ce superbe arbrisseau au feuillage persistant forme des touffes impressionnantes. Ses longs rameaux rampants ou retombants mesurent plus de 1 mètre, d'où son aspect de liane. Les feuilles ovales, un peu coriaces, d'un vert sombre, présentent deux stipules épineuses à la base du pétiole, qui valent son nom à l'espèce. Les fleurs blanches ou rosées, parmi les plus spectaculaires par leur dimension et leur fragilité, atteignent 4 à 5 cm. Epanouies le matin, elles sont vite brûlées par le soleil. Les quatre pétales bien ouverts laissent voir de très nombreuses étamines, parfois rouges. Le Câprier donne des fruits, baies ovoïdes noirâtres ou violacées.

● Cette espèce saharo-arabique affectionne les zones rocheuses, profitant de fissures dans une paroi à pic. On la rencontre aussi bien à Djanet entre les blocs de granite que dans les akbas ou sur le Plateau.

● Il arrive que les animaux broutent la *tălulut*, surtout les mouflons et les gazelles. Si Maire a relevé dans l'Ahaggar plusieurs utilisations contre les rhumatismes, les maux de tête ou la gale des chameaux, il ne semble pas qu'on en fasse grand usage au Tassili. Les Touaregs n'exploitent pas les boutons floraux, les câpres, si renommés ailleurs.
Le Câprier est considéré comme une plante intéressante du point de vue médicinal dans d'autres pays.

Cleome amblyocarpa *ahoyyagh* ·⁞≶⁝

● Plante herbacée annuelle d'un vert jaunâtre, aux tiges dressées de 10 à 50 cm, ses feuilles comportent trois folioles lancéolées. Les fleurs sont petites, rouge pourpré. Elle produit un grand nombre de fruits en capsules allongées. *Cleome* est plus ou moins glanduleuse. Parfois certains pieds sont d'ailleurs entièrement recouverts de sable. Si on froisse une feuille, elle dégage une odeur très désagréable.

● Il faut noter que certains individus ont un aspect différent : sans poils et avec des feuilles étroites non trilobées. *C. amblyocarpa* est donnée comme l'espèce la plus fréquente au Sahara central, mais le genre Cleome a de multiples représentants dans toute la zone tropicale. Au Tassili on rencontre cette espèce un peu partout dans les terrains sablonneux ou sablo-argileux jusque sur le Plateau. *Cleome amblyocarpa* est saharo-arabique.

● L'*ahoyyagh* est considéré par tous comme toxique. Il aurait des effets hallucinogènes et serait à l'origine de dérèglements nerveux. Il provoque gorge sèche, étouffement et vertiges.
Les animaux le broutent rarement. On en trouve de grosses touffes intactes avec les herbes alentour rasées jusqu'aux racines. Il contamine les Orobanches qui le parasitent, les rendant impropres à la consommation. La littérature fait état de ses nombreuses propriétés médicinales. Au Tassili, écrasé et appliqué en friction ou cataplasme, il est connu seulement pour soulager rhumatismes et douleurs.

Polycarpaea robbairea *taššăngaḍéḍ* +ƟIⵅⴹⴹ

● Cette herbacée généralement annuelle étale de longues tiges fragiles sur le sol. Elles peuvent atteindre 30 à 40 cm quand les conditions sont favorables. Les feuilles ovales, allongées, tombent rapidement et ne subsistent alors que les inflorescences fournies, en grappes ou en glomérules, de couleur rose. La plante pousse après la pluie.

● Cette Caryophyllacée Saharo-arabique se retrouve dans tout le Sahara central. On la rencontre de temps à autre dans des oueds sablonneux.

● Aucun usage n'est signalé sinon que les animaux la broutent occasionnellement.

Polycarpaea repens *aššăngaḍéḍ* ƟIⵅⴹⴹ

● Une autre plante voisine de la précédente, mais d'un vert argenté, *Polycarpaea repens*, offre de longues tiges cassantes mesurant jusqu'à 1 m, de petites feuilles verticillées à bords enroulés, et de minuscules fleurs blanches. Elle est très abondante dans les sables des oueds après la pluie dans une grande partie du Sahara. C'est un pâturage médiocre. Les nomades la nomment *aššăngaḍéḍ*.

Sclerocephalus arabicus *tasakkărut* ⵜⵙⴾⵔⵜ

● Cette petite plante herbacée annuelle aux tiges couchées, porte des feuilles linéaires serrées. Les fleurs, entourées de bractées qui deviennent épineuses à maturité, se trouvent groupées en capitules verdâtres. La plante prend ainsi un aspect hérissé tout à fait particulier. Elle ne dépasse pas 10 à 15 cm dans les meilleures conditions et souvent ne mesure que quelques centimètres de haut.

● Espèce saharo-méditerranéenne, on la rencontre sur le Plateau du Tassili. Elle est présente dans certains oueds ou terrains au sable grossier, parfois même dans la rocaille, mais jamais très fréquente. Elle pousse après la pluie et dessèche assez rapidement.

● La *tasakkărut* est broutée sans être réputée. Parfois le nom de *ahyuf n-ekli* lui est attribué à tort du fait de sa ressemblance, à un certain stade de sa croissance, avec *Ifloga spicata* (Astéracée), qui porte ce nom en *tamahaq*.

Paronychia arabica, une Caryophyllacée saharo-arabique, est elle aussi appelée *ahyuf n-ekli* par certains. D'autres la nomment *takuffé n-amali*. Elle pousse jusque sur le Plateau et préfère les sols caillouteux. *P. arabica* est aussi un pâturage. Elle ne semble pas avoir d'autres usages dans la région alors qu'ailleurs on l'utilise en infusion.

Silene villosa — *tăbăk amaḍâl* — ⵜⴱⴾ ⴰⵎⴹⵍ

● Cette belle petite annuelle herbacée, qui n'atteint guère plus de 15 à 30 cm de haut, est densément couverte de feuilles opposées en forme de spatule allongée. Les fleurs en tubes assez longs poussent en cymes. Cinq pétales fragiles, rose pâle ou parfois blancs, émergent des tubes et s'enroulent sur eux-mêmes dès que le soleil apparaît. Recouverte de poils, toute la plante agglutine fortement le sable. Elle pousse après la pluie et peut résister à la sécheresse pendant un mois ou deux.

● Cette plante d'origine saharo-arabique, pas très fréquente, croît sur le Plateau. Elle fleurit sur les plages de sable à proximité des roches, qui lui assurent de l'ombre pendant une partie de la journée. On la rencontre souvent non loin des gueltas.
Une autre espèce de Silene, *S. lynesii* à tiges dressées moins visqueuses, et à longs pédoncules, s'y trouve aussi.

● Le nom donné au Silene par les Touaregs des Ajjer souligne bien le caractère agglutinant de la plante : *tăbăk amaḍâl* signifie : « qui se nourrit de terre ». Maire rapporte que, dans l'Ahaggar, elle serait appelée *intelmelet*. Aucun usage particulier ne nous a été signalé.

Cassia italica *ağărğăr* ⴰⴳⵔⴳⵔ

● Il s'agit de l'une des deux espèces sahariennes de Cassia. Souvent de petite dimension, elle ressemble à un arbrisseau. Parfois, les tiges couchées peuvent mesurer plus de 1,50 m. Elle porte des feuilles composées assez grandes aux folioles ovales. Les fleurs se présentent en belles grappes jaune pâle abondantes. Les gousses aplaties et arquées deviennent brun-noir à maturité.

● On trouve *Cassia italica*, espèce soudano-deccanienne, dans l'ensemble des régions tropicales. Au Tassili, elle est fréquente au pied des falaises en bas des parois abritées, sur terrain sablo-argileux de préférence humide. Dans la Tadrart par exemple, après la pluie, elle prend des proportions importantes en buissons touffus et colorés.

● Les propriétés laxatives et purgatives du *Cassia*, le Séné, exploitées par l'industrie pharmaceutique, sont connues également sur place. On sèche et pile les feuilles et on les prépare en infusion. Mais étant donné la virulence des principes actifs, le Séné est peu utilisé. Les animaux l'évitent : il est toxique pour les herbivores.
Les jeunes bergers croquent les graines avant maturité parce qu'alors elles sont sucrées.

Anabasis articulata **bandăr** ⵀⵏⴷⵔ

● Petit arbrisseau buissonneux de 20 à 40 cm de haut, de couleur vert bleuté très clair. Ses tiges rameuses portent des feuilles opposées, en partie soudées par deux, en forme d'écailles qui lui donnent l'aspect de segments articulés. Les fleurs blanc rosé donnent naissance à des fruits entourés d'ailes étalées, de même couleur. Persistante, la plante résiste très bien à la sécheresse mais perd une partie de ses rameaux, qui repousseront une fois l'humidité revenue.

● Comme d'autres les Chénopodiacées, cette espèce saharo-arabique apprécie les regs et hammadas gypseux éventuellement légèrement salés. Elle pousse en général dans les sables grossiers. Quand le sol lui convient, elle colonise entièrement certains oueds aussi bien sur le Plateau qu'au piémont.

● La *bandăr* semble peu brouté par les animaux. De nos jours, les nomades en écrasent encore les tiges, et l'utilisent comme savon. Des emplâtres de *bandăr* soignent les dermatoses du chameau.

Bassia muricata — *uhas* — ⁚⁝ⵙ

● Cette plante pérenne aux tiges longues étalées sur le sol est couverte d'un fin duvet blanc grisâtre. Les tiges un peu ligneuses portent des feuilles nombreuses, étroites, à l'aisselle desquelles naissent de petites fleurs. Le calice présente une particularité bien remarquable : à maturité, les épines portées par les sépales s'allongent. L'ensemble offre alors l'aspect d'une petite étoile jaunâtre.

● Cette saharo-arabique est fréquente dans l'ensemble du Sahara. Nous en avons rencontré de nombreux peuplements sur le Plateau du Tassili, dans les rocailles et les sables grossiers où elle entre en végétation après la pluie.

● *Uhas* constitue un pâturage recherché par les chameaux. Aucun autre usage ne nous a été communiqué.

Patellifolia patellaris — *geluki* — ⵅⵍ⁖

● Il s'agit d'une Chénopodiacée annuelle herbacée. Elle est basse, rameuse, à longues tiges qui portent des feuilles épaisses en losange, avec à l'aisselle des fleurs blanchâtres en glomérules. Les fruits de 0,5 cm environ, ont une forme caractéristique, arrondie sur une face et en cône sur l'autre.

● Ouest-méditerranéenne et saharienne, cette plante est rare dans la région. On nous a proposé le nom de *geluki*.

Chenopodium murale *agawit/geluki* ⵖⵓⵜ ⵖⵍⴾ

● Cette herbacée annuelle qui atteint 50 cm de haut possède des tiges droites, dressées, feuillues. De couleur vert foncé, elle présente sur certains pieds des tiges bien rouges. Les feuilles plus ou moins blanchâtres en dessous, dentées sur le pourtour, ont une forme en losange. Les inflorescences en grappes rameuses comportent de très nombreuses petites fleurs qui donnent de minuscules graines noires.

● Il s'agit d'une cosmopolite nitrophile qui pousse dans les oasis et également sur le Plateau où elle prolifère au pied des parois qui ont abrité des campements. Une seconde espèce, *Ch. vulvaria*, plante plus basse à feuilles entières, se rencontre aussi mais rarement.

● Cette plante est peu considérée aujourd'hui, pourtant dans le passé on récoltait ses graines pour l'alimentation. Dans son habitat préféré, les abris riches en fumier, elle côtoie souvent *Senecio flavus* ou *Patellifolia patellaris*, si bien qu'on attribue parfois aux trois le même nom : *tidé n-tenet*. D'autres l'appellent *geluki* ou encore *agawit*. *Ch. vulvaria* porte le nom de *tawit*.

Cornulaca monacantha *tahara* +⁝○

● Il s'agit d'un arbrisseau persistant très rameux à souche puissante. Il porte des feuilles coriaces vert clair, très particulières, qui permettent de reconnaître facilement la plante : elle sont alternes, embrassantes et présentent une extrémité recourbée et terminée en pointe piquante. Les fleurs, formées par des glomérules laineux blanchâtres, naissent à l'aisselle des feuilles. Après la pluie, les rameaux secs produisent de nouvelles tiges bien vertes et, si l'humidité est suffisante, les touffes atteignent des dimensions imposantes, 1 m de haut environ.

● Cette espèce saharo-arabique, pas très fréquente dans le Tassili, n'est pas du tout présente sur le Plateau. On la trouve assez abondante dans l'extrême sud, dans la région d'In-Ezzane par exemple. Elle y pousse sur les terrains sablonneux et se maintient sur les dunes.

● La *tahara* est un pâturage réputé, excellent pour les chameaux que les pointes piquantes des feuilles ne rebutent nullement. Elle a la réputation de leur donner une belle bosse.

Nucularia perrini *tassak* +⊙⁘

● Cet arbrisseau rameux mesure environ 40 cm de haut. Les tiges droites, opposées, sont de couleur blanchâtre. Elles portent des feuilles également opposées, bien espacées, plus ou moins coriaces et un peu recourbées. Les fleurs, toutes petites, jaunes, apparaissent à l'aisselle des feuilles. Les fruits n'ont pas d'ailes membraneuses comme la plupart des Chénopodiacées, mais une sorte de grosse coque durcie se développe autour. Persistante, cette plante résiste bien à la sécheresse. On la rencontre tout au long de l'année plus ou moins desséchée. A la première occasion elle reverdit.

● Endémique saharienne, elle pousse sur les sables grossiers ou dans la rocaille ça et là dans la région, sur les plateaux de l'ouest tassilien.

● Les animaux, chameaux et chèvres, mangent la *tassak*, qui est d'ailleurs considérée comme un pâturage de choix, dont on apprécie aussi la salinité.
Elle entre dans la composition du tabac à chiquer : on brûle la plante et utilise les cendres.
Pour les nomades il y a un couple *tassak-awssak*. Très proches, les deux plantes sont utilisées de façon identique. L'*awssak* serait *Suaeda vermiculata* (photo page 161), autre Chénopodiacée saharo-arabique, poussant en terrain rocailleux en altitude. Elle est rare et très recherchée, pour ses cendres, plus appréciées que celles de la *tassak*.

Salsola baryosma *issin* ⊙|

● Cet arbrisseau se présente en touffes buissonnantes aux tiges très ramifiées, qui peuvent atteindre 50 à 60 cm de haut. Sa couleur vert cru mais aussi et surtout son odeur particulièrement désagréable si on l'effleure permettent de l'identifier à coup sûr. Les tiges portent de toutes petites feuilles alternes plutôt charnues. Les fleurs verdâtres sont à peine visibles et les fruits, extrêmement petits, s'ornent d'ailes membraneuses.

● Saharo-arabique, cette *Salsola* est présente au Sahara central. Au Tassili, on la découvre en pieds plutôt isolés dans les zones à sables grossiers, comme les bordures du Plateau, à proximité de Djanet par exemple.

● Il ne semble pas que l'*issin* soit consommé par les animaux. Les nomades signalent une autre plante très proche non malodorante qu'ils nomment parfois *talizza*.

Suaeda vermiculata

Traganum nudatum ***terahit*** +○⁝+

● Cette Chénopodiacée saharo-arabique ressemble beaucoup à *Cornulaca* par son port d'arbrisseau, ses tiges rameuses et ses fleurs en glomérules laineux. En revanche, ses feuilles sont différentes, toutes petites et charnues, sans pointe aiguë. *Traganum* est rare au Tassili. On en rencontre en pieds isolés entre les rochers autour de Djanet et sur le Plateau.

● Les chameaux apprécient beaucoup la *terahit*, plante légèrement « salée ». Résistant bien à la sécheresse, elle fournit un pâturage intéressant.

● Comme *Nucularia*, on l'utilise réduite en poudre en ajout au tabac. Autrefois, sa bourre laineuse fit office d'étoupe dans les briquets.

Helianthemum lippii — *tahawăt* — ⵜⵀⵡⵜ

● Ce petit arbrisseau vivace, très rameux, à tiges raides et en partie lignifiées, ne mesure guère plus de 30 cm de haut. Les feuilles opposées, allongées, sont couvertes de très courts poils, ce qui leur donne une couleur vert blanchâtre. De minuscules fleurs jaunes, sessiles comme les feuilles, sont visibles en grappes peu fournies à l'extrémité des rameaux. Elles comportent cinq pétales.

● Saharo-arabique, *Helianthemum lippii* est largement réparti au Sahara. Il prospère en particulier dans les terrains rocheux du Plateau du Tassili, de même qu'au bord des oueds plus sablonneux au pied des falaises. On note également la présence d'une espèce voisine *Helianthemum sessiliflorum*.

● La *tahawăt* est la plante au pied de laquelle pousse la *terfas* (*Terfezia ovalispora*), cette délicieuse truffe blanche dont raffole tout le monde au Sahara. On la récolte après des pluies abondantes : il faudrait, d'après certains, que la pluie tombe au moins trois fois sur plusieurs semaines pour que la *terfas* se développe, ce qui explique sa rareté dans la région. D'autre part, les pousses de *tahawăt* sont particulièrement recherchées par les chèvres et les mouflons.

Citrullus colocynthis — *alkăḍ* — ⴰⵍⴾⴹ

● Plante herbacée vivace à longues tiges rampantes qui s'étalent sur le sol, *Citrullus colocynthis* porte des feuilles alternes découpées, vert vif, quand il a plu. Toute la plante est couverte de poils courts et raides. Les fleurs composées de cinq pétales jaune clair sont souvent cachées par le feuillage, contrairement aux fruits sphériques et lisses plus spectaculaires et colorés de vert foncé ou de jaune selon la maturité. La dispersion des graines s'opère de façon mécanique. Le vent arrache et transporte sur de grandes distances les fruits devenus secs.

● Méditerranéenne et saharo-arabique, la Coloquinte occupe les terrains sablonneux ou sablo-argileux, de préférence les lits d'oueds ou les cuvettes inondables : Tegharghart au sud de Djanet ou l'oued Indjaren en sont de bons exemples. Mais on la rencontre partout, elle est commune dans tout le Sahara, parfaitement adaptée au climat désertique.

● L'*alkăḍ* est un pâturage apprécié des ânes ; les chèvres, quant à elles, ne broutent que les fleurs. Les autres animaux l'évitent à cause de son amertume prononcée. La plante est très toxique. Elle contient un alcaloïde puissant qui lui confère des vertus médicinales mais la rend également dangereuse. L'*alkăḍ* sert contre les morsures de serpent et soigne les dermatoses du chameau. D'autres usages sont connus localement, mais on insiste sur l'extrême virulence du poison, qui réduit considérablement son emploi. Pourtant l'utilisation qu'en font certains nomades, les Toubous en particulier, est d'autant plus surprenante : les graines, appelées *taberka*, plusieurs fois bouillies pour éliminer la toxicité, séchées, puis pilées fournissent une farine nourrissante, consommée en bouillies ou galettes.

Euphorbia calyptrata *tănaqqât* +|⋯+

● C'est une plante herbacée annuelle vert cru de 30 à 60 cm de haut, au port dressé. Les longues tiges souples portent des feuilles embrassantes d'une forme tout à fait particulière : larges à la base, puis amincies et très légèrement élargies à l'extrémité, les feuilles peuvent atteindre 6-8 cm de long. Les inflorescences des Euphorbes que l'on nomme cyathes, sont réunies en petites grappes. Ici ce sont de petites fleurs verdâtres discrètes. La plante laisse échapper un latex laiteux toxique.

● *Euphorbia calyptrata* variété *involucrata* est une endémique des régions sahariennes et arides. Elle semble être plus fréquente sur le Plateau, dans les oueds à sables grossiers, où elle pousse après la pluie, parfois peuplant des surfaces importantes, parfois en pieds isolés. Le type *Euphorbia calyptrata* est également présent sur le Plateau du Tassili mais rare. On la reconnaît à ses feuilles rubanées, souvent bordées de rose carmin.

● Les nomades connaissent bien sa toxicité et veillent à ce que les chameaux ne broutent pas la *tănaqqât*, car ce serait la mort certaine, disent-ils. Des alcaloïdes la rendent dangereuse. Le simple contact est irritant. Toutefois, elle entre dans la composition de remèdes contre les morsures de serpent.

Euphorbia granulata *téllakh* ⵜⵍⵅ

● Petite plante annuelle étalée aux tiges très rameuses, couchées sur le sol autour d'une racine pivotante. Ses tiges, de 10 à 20 cm de long, portent de minuscules feuilles opposées. Les cyathes sont le plus souvent marquées de rouge carmin. Elle renferme aussi un suc toxique.

● Cette Euphorbe saharo-arabique est très courante dans le Tassili. On la rencontre dans les oueds à sables grossiers aussi bien en altitude qu'en bas.

● La *téllakh* est réputée toxique comme la *tănaqqât*. Cependant, on traite les piqûres et morsures venimeuses par des emplâtres de plante écrasée.
Nous avons rencontré une autre Euphorbe à l'allure de *E. granulata* d'environ 15 cm de diamètre mais de couleur entièrement rouge carmin. Th. Monod et J. -P. Lebrun l'ont reconnue comme étant la variété *glabra*, dite encore *Euphorbia unaequilatera*.

Astragalus gombo *ékaššăker* ⁘ⵛ∴ⵔ

● Cette plante vigoureuse au port dressé, aux tiges élevées de couleur claire, porte de très longues feuilles aux nombreuses petites folioles. Les pétioles, perdant leurs folioles, deviennent coriaces et piquants à l'extrémité. Les pieds bien développés atteignent aisément 40 à 50 cm de haut. Les fleurs papilionacées sont jaunes, en grappes axillaires denses. Comme pour toutes les espèces d'Astragale, la caractérisation du fruit est déterminante. La gousse de celui-ci, couverte d'un duvet soyeux, a une forme renflée avec des nervures superficielles.

● Endémique saharienne, elle pousse sur le Plateau, dans les lits sablonneux des oueds, dans les éboulis de la falaise et même plus bas. Elle forme parfois d'importants pâturages après la pluie et résiste longtemps dans certains oueds qui, d'ailleurs, en portent le nom : dans la Tadrart, par exemple. L'espèce *A. trigonus*, difficile à distinguer de la précédente, est également présente.

● C'est un pâturage apprécié bien que moins réputé que l'*aḍrîlal*, autre Astragale.

Astragalus vogelii *aḍrîlal* ·ⴹⵔⵢⵍⵍ

● Plante herbacée d'apparence grêle, d'environ 30 à 40 cm dans les conditions normales. Cet Astragale plus ou moins étalé est couvert de poils denses blanchâtres, qui lui confèrent une teinte gris vert. Il porte des feuilles pennées à folioles ovales et de nombreuses petites fleurs mauves. On distingue principalement les Astragales à partir de leurs gousses : *Astragalus vogelii* offre de petites gousses courtes, renflées au milieu et recouvertes de longs poils. La plante résiste bien à la sécheresse, plusieurs mois, semble-t-il.

● Comme les autres Astragales, cette espèce endémique du Sahara central et occidental est commune au Tassili. Elle prospère sur les terrains sablonneux ou un peu caillouteux.

● *Aḍrîlal* est un pâturage apprécié de tous les herbivores. Il donne de la « viande » aux chameaux et du lait aux chamelles, d'après les nomades. Mais en excès, il peut être nocif, surtout quand le pâturage est sec. Peut- être alors les graines sont-elles toxiques ? Pourtant il n'y pas si longtemps encore, elles étaient récoltées, parfois même dans les fourmilières car minuscules et difficiles à cueillir. Il y aurait là une contradiction à moins qu'on ne leur ait fait subir un traitement pour éliminer la toxicité. Cuisson, torréfaction ou trempage ont souvent été utilisés en pareil cas. La farine ainsi obtenue était fort appréciée.

On nous a signalé également une *taḍrîlalt* ressemblant beaucoup à l'*aḍrîlal* mais avec des fleurs jaunes.

Autres Astragales

D'autres Astragales sont présents dans la région. De taille plus réduite, avec des feuilles pennées, des fleurs blanches ou bleutées en grappes, une gousse étroite, allongée et arquée plus ou moins velue, ces espèces sont difficiles à distinguer, et localement, on leur attribue le nom d'*éskâr*. Il s'agit probablement de *A. mareoticus*, *A. eremophilus* et *A. hauarensis*. Les animaux les consomment volontiers.

Crotalaria saharae *afârfăr* ·ⵊⵔⵊⵔ

● Cette Fabacée se présente en touffes rameuses de 30 à 50 cm de haut et porte des tiges dressées, garnies de feuilles digitées à cinq folioles sur de courts pétioles. Toute la plante, couverte de poils épais, est de couleur vert blanchâtre. Les fleurs jaune vif réunies en grappes donnent des gousses arrondies et courtes. La plante résiste bien après la pluie.

● Il s'agit d'une endémique saharienne qui demande des conditions d'humidité particulières, si bien qu'on ne la voit pas fréquemment. Mais elle peut coloniser entièrement des lits d'oueds sablonneux. C'est ainsi que dans la Tadrart, des oueds portent le nom d'In-Afarfar.

● C'est un pâturage apprécié. Cependant, les chameaux ne doivent pas trop en consommer, surtout quand il commence à sécher.

Lotus glinoides — *amghanen* — ⴰⵎⵗⵏⵏ

● Cette annuelle se présente couchée, à très longues tiges rampantes, qui s'enroulent et se mêlent à d'autres plantes voisines. Son aspect vert grisâtre lui vient des poils fins qui la recouvrent. Les feuilles trifoliées et deux stipules importantes sont caractéristiques de l'espèce. Un observateur peu attentif pourrait y voir cinq folioles, à tort. Les fleurs rosées, petites, se présentent sur de courts pédoncules. Leur forme irrégulière avec ailes et étendard suggère un papillon, d'où l'ancien nom de Papilionacées. Ce Lotier produit une gousse allongée, droite et dressée, laissant deviner ses graines.

● Cette espèce saharo-arabique est fréquente dans le lit des oueds plus au moins sablo-argileux, en particulier sur le Plateau.

● On l'appelle *amghanen* ou plus souvent *amatăltăl*, nom porté par plusieurs plantes ressemblant à des lianes.

Lotus jolyi *amarăẓrăẓ* ⴰⵎⴰⵔⴰⵣⵔⴰⵣ

Un second Lotus, également endémique du Sahara, est présent dans la région. Il s'agit de *L. jolyi*, à silhouette bien plus grêle que *L. glinoides*. Les tiges allongées et fines portent de petites feuilles sessiles. Les fleurs de couleur jaune, à carène violacée, sont longuement pédonculées.

Cette espèce pousse dans les oueds au sable grossier jusque sur le Plateau.

Curieusement, les informateurs locaux n'ont jamais attiré l'attention sur le caractère toxique de l'espèce. Ils reconnaissent que la plante est dangereuse pour les animaux, surtout les chèvres, sans développer le sujet comme ils le font pour *Perralderia*. Pourtant, tous les manuels considèrent *L. jolyi* comme extrêmement dangereux du fait de la présence d'acide cyanhydrique. Peut-être les animaux évitent-ils d'eux-mêmes ce Lotier. On le nomme ici *amatăltăl* sans le distinguer de *Lotus glinoides*. Parfois, on dit aussi *amarăẓrăẓ*.

Lotus roudairei *amatăltăl* ·ⵎⵜⵍⵜⵍ

● Ce *Lotus* se distingue très nettement de l'espèce *glinoides* par son port : il développe des tiges plus courtes, redressées et vigoureuses. La plante, densément velue, porte des feuilles trifoliées épaisses. Un détail permet de l'identifier à coup sûr : chaque pétiole montre à sa base deux points bruns minuscules mais bien visibles à l'oeil nu. Les fleurs, plutôt rares, sont petites, jaunes et à étendard pourpré.

● Cette endémique saharienne pousse après la pluie et résiste assez longuement à la sécheresse. On la rencontre sur le Plateau ou au pied de la falaise, dans le lit caillouteux de certains oueds.

● Cette plante appelée, elle aussi *amatăltăl*, porterait dans l'Ahaggar, selon Maire, le nom de *amarseros*.

Lupinus digitatus — *ğaẓẓăy fuk* — Ï#≷ ⵊ:

● Plante herbacée annuelle, d'ordinaire de 15 à 20 cm, mais nettement plus développée, jusqu'à 50 cm au moins, dans de meilleures conditions. Ses larges feuilles, digitées en petits éventails, épaisses et coriaces, poussent sur de longs pétioles. Des poils courts et argentés lui donnent un aspect velouté et une teinte gris-bleu. En grappes serrées, les fleurs papilionacées aux pédoncules courts jettent des taches de couleurs vives, bleu-violet et jaune orangé assez surprenantes. La gousse qui apparaît ensuite est large, terminée par un bec effilé, et cloisonnée. Elle est aussi velue que le reste de la plante.

● Cette espèce endémique du Sahara, n'est pas très fréquente au Tassili. Quand la saison est favorable, elle pousse en tapis serré dans des zones restreintes du piémont et aussi sur le Plateau, de préférence dans les oueds au sable assez grossier. Les Flores déclarent l'espèce largement répandue, mais il lui faut sans doute des conditions très particulières pour germer.

● Selon certains, le Lupin fournit un pâturage très moyen. Il serait toxique selon d'autres.

Psoralea plicata — *tarăda* — ⵜⵔⴷ

● Cette Fabacée, émet des tiges très droites et peu feuillues, jusqu'à 40-45 cm de long, pour la plupart au ras du sol, certaines dressées. Les feuilles alternes sont bien reconnaissables avec leurs trois folioles allongées et bien crispées sur les bords. Les petites fleurs rosées ou bleu pâle poussent en grappes. Rapidement après la fructification, les gousses tombent et laissent les tiges florales raides et nues, ce qui donne à la plante son aspect caractéristique faussement brouté.

● Espèce d'Afrique tropicale et australe, donnée pour commune au Sahara central, cette plante se rencontre rarement dans la région. Elle apparaît après la pluie dans les zones d'épandage des oueds du Sud, ceux de la Tadrart où elle côtoie, en pieds isolés, *Boerhavia* et *Amaranthus*.

● Nos informateurs nous ont signalé que les chameaux, les gazelles et les mouflons. apprécient la *tarăda*.

Tephrosia purpurea *ténăfi(t)* ⵜⵏⴼⵜ

● C’est un arbrisseau poussant en grosses touffes, pouvant atteindre 60 à 70 cm de haut. Les tiges frêles, longues et souples, portent des feuilles pennées à folioles étroites vert bleuté, dont le nombre varie de sept à neuf. *Tephrosia* s’orne de fleurs papilionacées à corolle ordinairement rose carmin. Les gousses sont droites et allongées. Parfois considérée comme annuelle, cette plante, qui résiste bien à la sécheresse, est pérenne dans certains cas. Elle pousse alors sur des souches ligneuses épaisses.

● Nous avons rencontré cette belle plante d’Afrique tropicale, peu fréquente au Sahara central, dans les oueds sableux ou un peu rocailleux de la Tadrart. Elle pousse volontiers à l’abri des parois rocheuses.

● C’est un pâturage occasionnel. peu brouté quand les animaux ont le choix. On nous a signalé que les feuilles sèches peuvent être ajoutées au thé.

Trigonella anguina *éhăsăs* ⁝⊙⊙

Cette petite herbacée aux nombreuses tiges rameuses couchées, pousse sur une racine pivotante épaisse. Les tiges s'allongent et portent des feuilles vert franc à trois folioles, de forme plutôt arrondie ou en coeur, fixées sur un long pétiole, qui présente deux petites stipules à la base. Les fleurs papilionacées jaune pâle forment des gousses assez courtes et arquées. La plante pousse après la pluie.

Espèce saharo-arabique, *Trigonella anguina* aime les sols argileux ou argilo-sableux. Elle est assez commune dans tout le Tassili comme dans le reste du Sahara central, même sur le Plateau.

Les nomades considèrent l'*éhăsăs* comme un très bon pâturage. Comme *Chamomilla pubescens*, cette plante est utilisée pour clarifier le beurre.

Erodium glaucophyllum *oẓma* ·ⵣⵎ

● Cette plante herbacée pérenne de faible hauteur, 10 à 30 cm en général, pousse en petites touffes vertes à tiges fines, très allongées et dressées. Les feuilles longuement pétiolées sont crénelées sur le pourtour et plus ou moins velues. A l'extrémité des tiges apparaissent de belles fleurs mauve pâle, puis des fruits, se terminant par l'appendice caractéristique des Géraniacées, qui peut atteindre 10 cm : cinq carpelles réunies, surmontées d'un long style qui se prolonge en fouet plumeux.

● L'espèce est saharo-méditerranéenne, répandue au Tassili comme dans l'ensemble du Sahara. Elle préfère les terrains rocailleux et les sables grossiers du Plateau.

● C'est un pâturage de qualité pour tous les animaux. Il croît après la pluie.

Monsonia nivea *aẓrăn* ⴰⵣⵔⵏ

● Son allure générale est assez proche de celle d'*Erodium*, mais les feuilles étroites en different : couvertes d'un fin duvet, elles prennent une teinte vert blanchâtre à argenté. *Monsonia* produit de jolies fleurs couleur rose et les fruits typiques, propres aux Géraniacées.

● Cette espèce pérenne croît après la pluie, parfois en abondance, et résiste bien à la sécheresse. On la rencontre sur des terrains divers, dunes ou rocailles plus ou moins ensablées au pied du Plateau. *Monsonia nivea* est saharo-arabique.

● L'*aẓrăn* est réputé bon pâturage pour les chèvres comme pour les chameaux. On le trouve souvent en compagnie de l'*aginăs (Moltkiopsis)*. Autrefois, on récoltait les graines que l'on consommait sans cuisson après les avoir pilées comme l'*afăẓu*. Il semble y avoir souvent confusion chez les informateurs entre *oẓma* et *aẓrăn* du fait de leur ressemblance.

Ballota hirsuta — *afarghaqqu* — ·ⵊⵔⵗⵈ

● Cette plante rameuse pousse en grosses touffes vertes, denses, bien feuillues, allant jusqu'à 70 cm. Elle est entièrement couverte d'un duvet très court. Les tiges dressées portent des feuilles opposées, légèrement dentelées, laineuses et grisâtres sur la face inférieure. Les inflorescences rose lilas formées par des glomérules sessiles se trouvent nichées à l'aisselle des feuilles.

● Nous avons souvent rencontré cette Lamiacée (Labiée) méditerranéenne sur le Plateau du Tassili en pieds plutôt isolés près des lits d'oueds rocailleux, aussi dans des interstices de rochers auprès de gueltas. Certains pieds semblent vivaces, d'autres sont des herbacées annuelles.

● Les touffes observées sont toujours intactes, laissant supposer que ni les hommes ni les animaux ne lui portent un intérêt quelconque.

Lavandula antineae *éǧayăh* Ï≶⁞

● Plante vivace, elle a souvent l'aspect d'un sous-arbrisseau rameux, mais elle est très polymorphe. Parfois, en saison humide, elle présente de longues tiges feuillues et souples. A d'autres époques, elle porte des tiges grêles, presque lignifiées. Très découpées, les feuilles varient en couleur selon les saisons, du gris bleuté au vert foncé. Les fleurs restent petites, en épis plus ou moins serrés et allongés, d'un bleu profond. Toute la plante dégage une odeur très agréable.

● Au Tassili, sur le Plateau, on trouve très fréquemment des touffes dispersées de Lavande, rabougries ou à l'opposé bien développées. Ces formes très différentes peuvent résulter de variations climatiques importantes. *L. antineae* est une endémique saharienne. Elle affectionne les lits pierreux des oueds où elle se glisse entre les blocs.

● La Lavande est appréciée des animaux domestiques ainsi que des mouflons, qui en sont friands. Ses vertus aromatiques lui valent d'être ajoutée au troisième thé mais aussi d'être utilisée en infusion contre les refroidissements. Elle est vulnéraire et, dit-on, surtout bénéfique contre les rhumatismes.

Marrubium deserti *telheret* ⵜⵍⵀⵔⵜ

● Cet arbrisseau vivace très rameux est recouvert de poils laineux qui lui donnent une teinte blanchâtre. D'ordinaire, il mesure quelques 20 à 30 cm, mais en conditions favorables, il peut en atteindre 60. Ses tiges raides portent des petites feuilles opposées tout à fait particulières par leur aspect nervuré et leur forme spatulée. A la floraison, la plante est constellée de minuscules éclats rose carmin. Les toutes petites fleurs aux corolles pourpre naissent à l'aisselle des feuilles et sont regroupées en glomérules sessiles.

● Ce *Marrubium* est une espèce endémique du Sahara et des zones arides du nord de l'Afrique. Bien que signalée comme étant commune dans ces zones, on ne la rencontre au Tassili qu'assez rarement en pieds isolés. Nous l'avons vue dans des endroits où le sable s'est accumulé entre les blocs rocheux sur le Plateau ou dans les akbas qui en permettent l'accès, souvent en compagnie de *Trichodesma* et de *Helianthemum*.

● Aucun usage particulier ne nous a été signalé par les guides, qui d'ailleurs la considèrent sans intérêt.

Salvia aegyptiaca *sasaf* ⊙⊙Ⅱ

● Très rameuse, cette Salvia aux tiges brun roux prend souvent un aspect inextricablement emmêlé. Les feuilles rares sont allongées et crispées sur les pourtours. Les fleurs toutes petites, de couleur mauve pâle, se présentent en épis allongés et donneront des graines minuscules. Régulièrement broutée par les mouflons, la plante présente une taille réduite, n'atteignant guère plus de 30 cm.

● Cette Lamiacée saharo-arabique vivace aime les lits d'oueds et les abords rocailleux des gueltas. Elle se glisse en pieds isolés entre les blocs rocheux sur le Plateau mais aussi dans les oueds qui en descendent.

● Appréciée pour ses vertus, elle est réputée en particulier pour les soins des yeux. Pour dégager un corps étranger dans l'oeil, on y met une ou deux graines ou seulement l'eau de trempage. Le mucilage qui les entoure entraîne alors l'intrus. Dans le cas d'un objet avalé, on en fait absorber une grosse pincée. La sasaf est aussi antiseptique et, en infusion, soulage les maux d'estomac.

Salvia chudaei *abhihawt* ⵜⵀⵀⴱⴰ

● Cette Sauge se présente comme un arbrisseau vivace très rameux, de couleur gris bleuté, due aux poils la couvrant entièrement. Elle mesure environ 30 à 40 cm de haut et possède des tiges très feuillues. Les feuilles sont étroites et allongées, crispées sur la marge. A l'extrémité des tiges, les inflorescences en épis portent de longs poils laineux qui masquent les petites fleurs bleu pâle. La plante entière dégage une odeur puissante et agréable, un peu camphrée.

● C'est une endémique du Sahara central, pas très fréquente. On la trouve dans des oueds rocailleux ou dans d'autres à sables grossiers. On la rencontre par petites colonies aussi bien en altitude, à Dider ou dans les oueds de l'ouest, qu'au pied du Plateau.

● Plusieurs utilisations médicinales et culinaires de cette Sauge sauvage sont connues. Souveraine contre les rhumatismes, elle est absorbée en poudre sur les aliments ou avec de l'eau. Elle soulage aussi les ulcères d'estomac. L'*abhihawt* aromatise agréablement le thé et, en cuisine, on l'ajoute à certains plats en condiment, à la viande ou aux bouillies de mil. Il s'agit aussi d'un pâturage possible.

Teucrium polium helichrysoides *tăkmazzutén* +·:·[ⵣ+

Ce sous-arbrisseau persistant est très difficile à décrire, un pied étant différent de l'autre. D'ordinaire, on le rencontre en touffes très rameuses ne dépassant pas 20 cm. De très petits poils le couvrent alors entièrement et lui donnent sa couleur gris bleuté. Il porte des feuilles, petites, allongées, dentelées sur les bords qui sont un peu enroulés sur eux-mêmes. Les fleurs laineuses jaune pâle apparaissent en grappes denses à l'extrémité des tiges. Il se lignifie en séchant.

On découvre aussi des pieds aux tiges droites peu ramifiées, aux feuilles très semblables, plus nombreuses. La plante est alors un peu plus haute et ne donne pas le même aspect d'intrication que la précédente. Dans d'autres cas encore, ce *Teucrium* est beaucoup plus velu et les feuilles bien plus développées. Toutes ces formes ont un point commun : un parfum très caractéristique.

Plante méditerranéenne comme la majorité des Lamiacées, ce Teucrium pousse de préférence dans le lit pierreux des oueds. Il est fréquent sur le Plateau, plus rare dans le piémont.

Auparavant, les botanistes voyaient deux sous-espèces : *helichrysoides* et *geyrii*. Les Touaregs, de leur côté, reconnaissent un couple *tăkmazut-ăkmazzu* qu'il est parfois malaisé de les distinguer. Une même espèce peut varier selon les conditions atmosphériques.

● Les deux formes *tăkmazzutén*, sont partout connues pour leurs propriétés. Elles ont autrefois fait l'objet d'un commerce comme les Armoises. L'*ăkmazzu* (ci-dessous) est utilisé malgré son amertume plus prononcée, mais on lui préfere la *tăkmazzut* (photo page précédente). Au Tassili, cette plante est certainement, avec la *tébărémt*, l'une des plus prisées. On l'estime tout particulièrement pour parfumer le thé.
Ses qualités antiseptiques et dépuratives sont reconnues. En infusion, décoction ou réduite en poudre et prise avec de l'eau, elle traite les troubles intestinaux ou gastriques. On l'administre aussi en vermifuge léger. Les *tăkmazzutén* entrent dans la composition d'emplâtres pour soigner certaines plaies.
Les animaux broutent ce *Teucrium*.
Il s'agit de la Germandrée appelée aussi Pouliot.

Androcymbium wyssianum *matăkarku* [+⁚○⁙

● Cette belle petite Liliacée à bulbe profond étale en rosette ses feuilles allongées et étroites. Les fleurs blanches, teintées d'un délicat rose pâle, se pressent l'une contre l'autre au coeur de la plante. Elle pousse après la pluie et ne résiste guère, mais son bulbe bien enterré lui permet de vivre au ralenti tant que la sécheresse sévit.

● Saharo-méditerranéenne, *Androcymbium* est une des rares espèces de Liliacées au Sahara central. Elle fleurit sur les bords humides de quelques oueds du Plateau, comme l'oued Tamrit, ou de gueltas, à Ihérir par exemple. Elle accepte les terrains sableux même un peu salés.

● Comme bien des Liliacées, le *matăkarku* est toxique, renfermant un alcaloïde assez puissant. Ceci explique sans doute que les animaux, chameaux et chèvres, l'évitent.
On ne nous a pas signalé d'utilisation médicinale locale, bien que dans d'autres pays on exploite ses principes actifs.

Asphodelus tenuifolius *iẓăyan* ⵤⵢⵏ

● C'est une belle plante annuelle mesurant entre 20 et 30 cm. Les feuilles creuses, cylindriques, prennent naissance à la base. Les longues hampes ramifiées et dressées portent les inflorescences qui sont de très jolies fleurs blanches à pédoncule redressé, regroupées en grappes lâches. Les fruits en capsules renferment de minuscules graines noires.

● Cette espèce méditerranéenne est largement répandue dans l'ensemble du Sahara. Elle affectionne les terrains rocailleux, lits d'oueds d'altitude, rigoles ou dépressions plus ou moins ensablées, qui retiennent un peu d'humidité après la pluie. Elle forme parfois de véritables petites « prairies » sur le Tassili.

● Les animaux broutent l'Asphodèle, qui n'est pas cependant considéré comme un pâturage d'une grande qualité.

Autrefois, cette plante était largement employée dans l'alimentation : les feuilles bouillies ou cuites dans l'huile, les graines pilées en farine. Dans ce dernier cas, on la mélange à d'autres farines pour galettes ou bouillies : la forte odeur des graines s'en trouve alors atténuée. On cueille les jeunes pousses que l'on ajoute aux préparations culinaires.
Au point de vue médicinal, cet Asphodèle serait fébrifuge. S'il est consommé en trop grande quantité, il peut s'avérer indigeste.

Asphodelus refractus *téẓăyt* +ⵣⵉ+

● Légèrement plus petit que l'*Asphodelus tenuifolius*, cet Asphodèle a un port semblable, mais il agglutine un peu le sable. Ses minuscules fleurs sont portées par de fins pédoncules qui se recourbent vers le bas après la floraison quand les capsules apparaissent.

● La *téẓăyt* se rencontre bien plus rarement que l'*iẓăyan*, plutôt sur les sables accumulés au pied des rocailles sur le Plateau et près des dunes. Il s'agit d'une espèce saharo-méditérranéenne.

● Dans les Ajjers, on insiste sur le fait qu'il ne faut pas consommer la *téẓăyt*, information démentie par certains auteurs, qui attribuent des qualités identiques aux deux espèces.

Malva aegyptiaca *amatăltăl* ·[+ǁ+ǁ

● C'est une plante herbacée rameuse à longues tiges droites ou étalées sur le sol, mesurant de 20 à 30 cm. Les feuilles longuement pétiolées sont nettement divisées, les échancrures dessinant des segments palmés. Leur forme générale est arrondie. Les fleurs au calice imposant poussent à l'aisselle des feuilles par deux ou par trois sur de courts pédoncules. La couronne de bractées, caractéristique des Malvacées, laisse entrevoir la fleur rosée.

● Cette Malvacée, méditerranéenne d'origine, semble en fait plus proche des espèces tropicales que l'on note bien plus au sud. Mais *M. aegyptiaca* serait la seule présente au Sahara. Elle est rare dans la région. Nous l'avons rencontrée sur les épandages des oueds du sud de la Tadrart en pieds isolés et vers Ihérir.

● Les nomades interrogés ne lui connaissent ni de nom propre, ni d'utilisation. Selon Maire, elle s'appellerait *taluberat*, nom attribué par ailleurs à *Senecio flavus*. On la nomme parfois *amatăltăl*.

Boerhavia repens — *ébădebăd* — ⵀⴷⵀⴷ

● *Boerhavia* étale sur le sol ses longues tiges raides et rampantes, pouvant atteindre entre 20 et 60 cm de long. Elles sont garnies de feuilles plus ou moins triangulaires à bords un peu crispés. Les fleurs, petites, blanc rosé, poussent à l'aisselle des feuilles. La plante agglutine un peu le sable. Elle apparaît après la pluie.

● Cette annuelle soudano-deccanienne se rencontre çà et là au Sahara et jusqu'au Tibesti. Dans la région, nous l'avons observée dans certains épandages argilo-sableux ou sur des terrains un peu caillouteux, vers Tasset ou dans la Tadrart.
L'autre espèce *B. viscosa*, originaire d'Afrique tropicale, est aussi présente. Elle est souvent couverte de sable et les fleurs sont plus longuement pédonculées.

● Les graines sont comestibles et font partie de la longue liste de celles que l'on récolte pour les réduire en farine dans les périodes difficiles. Les feuilles également seraient utilisables.
L'*ébădebăd* est un bon pâturage pour les chameaux.

Cistanche phelypaea *ahléwăn* ·⁝ǁ:ǀ

● La Cistanche présente d'épaisses tiges pleines, atteignant 3 à 5 cm de diamètre, totalement dépourvues de chlorophylle, qui portent des feuilles réduites à des écailles jaunâtres. Il n'y a pas de racines et, en profondeur, l'extrémité inférieure de la tige se fixe grâce à un « suçoir » sur les racines d'autres plantes. La partie extérieure, qui a l'aspect d'une asperge géante, porte de magnifiques fleurs jaunes dont les corolles en tube s'ouvrent largement, s'étageant le long d'une hampe qui peut atteindre 60 cm de haut. Cette plante parasite le plus fréquemment *Calligonum* et *Tamarix*, également *Pulicaria* et, semble-t-il, *Cleome*. Dans ce dernier cas elle est considérée comme toxique. Elle sort de terre après la pluie et on voit alors de petits bourrelets à la surface du sable: dès lors, on surveille pour cueillir l'*ahléwăn* au bon moment.

● Elle se trouve dans les zones sablonneuses, comme dans les larges lits d'oueds au nord de Djanet, Assandilen, Tanagh, où on peut en admirer de véritables colonies après les pluies. Certains auteurs, et notamment Ozenda, envisagent une espèce différente de *C. phelypaea* sur *Tamarix* et *Calligonum*. Nous nous en tiendrons à la Cistanche la plus connue au Sahara.

● Dans la région du Tassili, l'*ahléwăn* est bien apprécié au point de vue médicinal et même alimentaire. Le meilleur pousserait sur l'*aresu*, le *Calligonum*. On consomme la partie souterraine des jeunes pousses cuite sous la cendre; elle a alors le goût de pommes de terre un peu amères. Réduite en poudre, on peut également l'utiliser mélangée avec la farine de céréales. Coupée en rondelles mises à sécher, la même partie utile servira de médicament contre divers troubles intestinaux, voire même le diabète.
On attribue à l'*ahléwăn* des vertus aphrodisiaques.

Orobanche aegyptiaca *éfătăkši* ⴼⵜⴾⵛ

● Parasite, comme la Cistanche, cette plante n'a pas de racines, et ses feuilles se présentent comme de simples écailles. Mais elle s'en distingue en particulier par la taille, n'atteignant que 20-30 cm de hauteur, par des tiges nettement plus fines, la couleur et la dimension de ses fleurs. Les tiges, parfois à plusieurs branches, se couvrent de fleurs bleu-mauve à corolles en tubes un peu arqués, insérées à l'aisselle des bractées.

● Plante saharo-arabique, cette Orobanche est assez rare au Tassili. On ne la rencontre que dans les oueds du Plateau et au pied de la falaise. Elle parasite différentes espèces, en particulier *Pulicaria crispa* mais aussi *Zilla spinosa* et *Cleome amblyocarpa*.

● Utilisée de la même façon que la Cistanche, elle est cependant bien moins appréciée. La plante hôte donne un goût et des qualités différentes à l'*éfătăkši*, qui peut devenir toxique quand il pousse sur Cleome, par exemple.

Orobanche cernua *tamẓăllit* ⵜⵎⵥⵍⵜ

● Voici une autre Orobanche également présente au Tassili. Elle ressemble à la précédente. Mais à la différence de celle-ci, elle ne produit qu'une seule hampe fleurie. La tige porte des fleurs bleues aux corolles un peu courbées.

● Cette Orobanche saharo-méditerranéenne pousse sur le Plateau du Tassili, dans le sable des oueds où elle n'est toutefois pas très fréquente. Les plantes hôtes semblent être les mêmes que celles de l'*Orobanche aegyptiaca* avec une préférence pour les Armoises. Les informateurs eux-mêmes confondent souvent *tamẓăllit* et *éfătăkši*. Cette difficulté pour attribuer le nom vernaculaire correct se retrouve chez les auteurs qui ont écrit sur cette question.

● Les utilisations des Orobanchacées ont déjà été signalées à propos de la Cistanche. La *tamẓăllit* est moins prisée que l'*ahléwăn*.

Plantago ciliata *anadem* ·ⵏⴷⵎ

● Cette petite herbacée annuelle, grisâtre, peut passer inaperçue. Elle n'atteint guère plus de 10 à 15 cm de haut. Les feuilles lancéolées étroites, velues et nombreuses, poussent en rosette à la base de la plante, d'où émergent des tiges florales qui ne dépassent pas les feuilles. Les fleurs sont petites et verdâtres, en épis cylindriques très laineux.

● Ce *Plantago* est une espèce saharo-arabique très commune, présente dans tout le Sahara. Fréquente au Tassili, elle abonde aussi bien dans le sable que dans les oueds rocailleux.

● L'*anadem* est apprécié par les animaux. Les graines sont comestibles et auraient été utilisées dans le passé, pilées en farine pour en faire des galettes ou des bouillies. La plante est réputée vulnéraire.

Limonium sinuatum subsp. *bonduellei* *ẓeani* ♯I

● Cette plante annuelle à tiges dressées, raides, résistantes, de 20 à 30 cm, présente à sa base des feuilles largement échancrées. A l'extrémité des tiges, l'inflorescence en forme de corymbe laisse voir des glomérules de fleurs à pétales jaune citron ou blancs bien déployés. La luminosité de ces fleurs surprend. *Limonium sinuatum* subsp. *bonduelli*, qui pousse après la pluie, reste en place deux ou trois mois, la plante séchant tout en gardant sa couleur.

● Cette espèce saharo-arabique, la Statice, n'est pas rare au Sahara central. Au Tassili on la trouve sur le Plateau, dans les parties caillouteuses des oueds. Ainsi, dans la Vallée des Cyprès, à Tamrit, on la rencontre dans les zones dégagées et près des gueltas.

● Le *ẓeani* est brouté par les animaux. On ne lui connaît pas d'autre utilisation précise, si ce n'est, tout récemment, de fournir les maisons des oasiens en bouquets de fleurs séchées, très décoratifs.

Cymbopogon schoenanthus *tébărémt* ⵜⴱⵔⵎⵜ

● Cette Poacée pousse en touffes épaisses, serrées, ébouriffées, comportant de nombreux rejets sur la même souche. Elle arbore de longues feuilles étroites, souples d'abord, puis coriaces et s'enroulant sur elles- mêmes. Les tiges florales dressées, nombreuses, peuvent atteindre 60 à 80 cm si la saison s'y prête. Les inflorescences en panicules aux épis plus ou moins teintés de violet semblent voltiger au-dessus de la touffe. En dehors des périodes humides, elle se présente sous forme de paille jaunâtre. Toute la plante, mais surtout sa partie inférieure, dégage une odeur puissante et très agréable en se desséchant.

● Ce *Cymbopogon* vivace est très répandue dans tout le Sahara. Au Tassili, on le trouve fréquemment dans le lit des oueds caillouteux et surtout dans les ravins des parties hautes des plateaux.

● Les vertus de la *tébărémt* sont connues de tous. Chacun en a une provision dans sa pharmacie personnelle. Gaines foliaires et souches sont choisies sur les pieds bien secs de l'année. Diurétique en infusion, la plante est aussi réputée donner de l'appétit. En décoction, elle soigne les troubles intestinaux et les intoxications alimentaires. Nombre de touristes ayant mal résisté à l'alimentation locale l'ont expérimentée, rapidement remis sur pied par une telle

décoction servie par leur guide. On l'ajoute également au troisième thé. C'est alors un moyen souverain pour faciliter la digestion.
Autrefois, la *tébărémt* remplaçait parfois le tabac à chiquer. Elle peut encore de nos jours entrer dans sa composition avec toute une série d'autres ajouts, plantes ou natron.

Desmostachya bipinnata ⵜⴱⵙⵜⵓⵜ

taksést ⵜⵖⵙⵙⵜ

● En compagnie d'*Imperata* pousse souvent une autre Graminée soudano-deccanienne pérenne qui lui ressemble. La détermination des deux est rendue difficile car les animaux, friands, en broutent les inflorescences. D'où la confusion courante.
On trouve fréquemment *Desmostachya* après la pluie dans l'oued Edjerew à Djanet. Localement, on l'appelle *tébăstawt* ou parfois *taksést*, noms également attribués à *Imperata*.

Imperata cylindrica *ébăstaw* ·ⵀⵙⵜ:

● Cette Poacée mesure souvent plus de 1 m de haut et offre de longues feuilles raides très effilées. Les fines tiges dressées se terminent par des inflorescences en épis cylindriques blancs.

● Cette plante en touffes serrées pousse le long des lits d'oueds sablonneux, comme par exemple l'oued Assandilen, où elle abonde sur les berges. C'est une espèce méditerranéenne et tropicale qui exige une certaine humidité.

● L'*ébăstaw* est un pâturage apprécié de tous les animaux, et plus particulièrement des ânes : les pieds sont systématiquement broutés à mi-hauteur. Dans le passé, on transformait les rhizomes en farine pendant les périodes de disette avec ceux des Phragmites et des Massettes. Localement, on signale la présence de l'*ébăstaw* et de la *tébăstawt* qui semblent correspondre à deux états de *Imperata* plutôt qu'à deux plantes différentes.

Phragmites australis *almăs* ·ⵍⵎⵙ

● Cette autre Poacée pérenne peut atteindre 1,50 m, voire plus. Elle possède des tiges droites et dures, portant des feuilles alternes raides, très appointées. L'inflorescence, un épi lâche de belle dimension, se compose de très nombreux épillets.

● Il s'agit d'une vivace cosmopolite qui aime les endroits humides, les lits d'oueds, un peu partout dans le Tassili. Le Roseau ou Phragmite est commun autour des gueltas.

● Les tiges sont utilisées pour écrire sur les tablettes coraniques. Chacun taille sa série de calames qu'il va conserver avec sa tablette. La plante est aussi broutée par les animaux.

Panicum turgidum — *afăẓu* — ·ⴼ#:

● Cette herbacée vivace se présente en grosses touffes buissonnantes vert jaunâtre, qui dépassent 1 mètre de haut. Les tiges se ramifient à partir de gros noeuds où se développent aussi les feuilles. Des gaines foliaires importantes, souvent sèches, entourent la base des tiges. L'inflorescence est une panicule rameuse et aérée. Les anthères, extrémités des étamines, colorées orangé vif, se détachent au-dessus des épillets. Les souches de Panicum résistent à la sécheresse et reverdissent après chaque pluie. Elles peuvent aussi rester sèches plusieurs saisons, voire plusieurs années.

● Cette Graminée soudano-deccanienne est présente dans tout le Sahara central, et envahit de très nombreux lits d'oueds sablonneux ou sablo-argileux en bordure du Tassili. Le *Panicum turgidum*, associé à l'Acacia, constitue un des paysages sahariens type. Quand on longe le Tassili vers le sud par exemple, on voit se succéder oued à *afăẓu* et oued à *tullult*.

● Vert ou sec, l'*afăẓu* est un bon pâturage pour les chameaux et tous les autres animaux. Il occupe aussi une place de choix dans l'alimentation des hommes : on moissonne les graines, et on cueille aussi les épis verts. Les graines mûres sont pilées pour préparer des bouillies. Tout comme le mil, cette farine peut aussi être utilisée dans des préparations non cuites, ce qui est particulièrement apprécié chez les nomades.

Comme la *tullult* (*Stipagrostis pungens*), l'*afăẓu* a longtemps constitué un complément important aux ressources alimentaires des familles. On a donc veillé à la mise en défens des zones où poussent ces deux Graminées. La moisson et le passage des animaux y étaient strictement réglementés.

Les tiges d'*afăẓu* entrent également dans diverses activités domestiques : le tressage de l'*esaber* par exemple. Cette natte sert de paravent amovible autour des tentes, mais on aime aussi la déployer aujourd'hui dans les cours des maisons. De même, on confectionne des petites nattes-claies pour égoutter le fromage.

Selon des témoignages, l'*afăẓu* réduit en poudre, a servi autrefois dans le domaine médicinal, en particulier comme hémostatique et vulnéraire, mais il ne semble plus utilisé comme tel.

Saccharum ravennae ***tésănğălt*** +⊙|Ï‖+

● Cette haute Graminée (ou Poacée) pérenne dépasse le plus souvent 2 m. Elle a de longues feuilles résistantes étroites qui poussent en énormes touffes d'où émergent les tiges dressées. Ses inflorescences forment des panicules lâches imposantes, ressemblant un peu à celles des *Phragmites*.

● Cette espèce méditerranéenne est vivace. Elle pousse autour des gueltas ou dans le lit des oueds où la nappe phréatique est peu profonde et entretient une humidité constante. A Ihérir par exemple, elle est fréquente.

● La *tésănğălt* a la particularité de produire à certaines périodes une exsudation de sève sucrée, la manne. Dans le passé, elle était récoltée et servait à sucrer les mets. On ne la recueille plus de nos jours. Les animaux, chèvres ou chameaux, pâturent la plante, qui constitue pour eux un fourrage de qualité.

Stipagrostis obtusa — *alămmoẓ* — ·ǁ[#

● En touffes très serrées, cette Graminée pérenne ressemble beaucoup à *Stipagrostis plumosa*, mais ses feuilles sont plus effilées et plus denses, sans gaines laineuses. Les tiges raides portent des plumets importants.

● C'est une endémique des zones sahariennes et arides, commune dans tout le Sahara, qui pousse de préférence sur les regs ensablés ou les terrains caillouteux.

● Sec, l'*alămmaẓ* est un pâturage très apprécié. Autrefois, on récoltait ses graines, très petites, comme celles d'*aghămmud* difficiles à recueillir, en les subtilisant dans les fourmilières.
Il y a souvent confusion entre les *Stipagrostis*, en particulier entre *aghămmud* et *alămmoẓ*. La détermination reste difficile, en dehors des période de floraison, car elle doit se faire à partir de la structure des inflorescences.
Il existe d'autres espèces de *Stipagrostis* dans la région, notamment *acutiflora* et *ciliata*. Cette dernière est souvent appelée *aheraǧ*.

Centropodia forskahlii — *tăkamayt* — +∵[≶+

● De taille réduite, cette Poacée pérenne saharo-arabique présente des tiges à noeuds, couchées, puis redressées, qui portent des feuilles larges et courtes. La *tăkamayt* résiste bien à la sécheresse et fournit un excellent pâturage sec, mais consommée en excès, elle serait toxique.
Certains informateurs lui donnent aussi le nom de *aheraǧ*.

Stipagrostis plumosa *aghămmud* ·⁝[:Λ

● Cette Poacée pérenne en touffes mesure le plus souvent 15 à 20 cm et peut atteindre jusqu'à 50 cm en période favorable. Les feuilles sont courtes, étroites, avec, dans la partie inférieure, des gaines laineuses d'où s'échappent des tiges dressées. Des épillets verdâtres composent les inflorescences. Très vite, toute la plante sèche et il ne reste que les chaumes jaunes qui résistent très longtemps sur place.

● Cette espèce saharo-arabique, répartie dans tout le Sahara, est très fréquente au Tassili. Elle prospère sur les dunes. On la remarque en bordure de l'erg Admer, où les sables sont couverts de ce duvet argenté, agité par le vent. Dans les lits d'oueds, l'*aghămmud* pousse en touffes isolées.

● Il s'agit d'un très bon pâturage qui engraisse les chameaux. Autrefois, les nomades récoltaient les graines minuscules d'*aghămmud* pour compléter leur approvisionnement.

Stipagrostis pungens *tullult* ⵜⵍⵍ:ⵍⵜ

● Plante vivace très robuste, qui dépasse souvent 1 m, elle pousse en grosses touffes denses. Des tiges raides, fines et piquantes à l'extrémité, partent toutes d'une souche souterraine. Les chaumes peuvent supporter des sécheresses importantes et repoussent dès que l'humidité réapparaît. Les inflorescences sont composées de petits épis secondaires ou épillets. A l'inverse de beaucoup de Graminées, elles n'ont pas l'aspect d'un unique gros épis, mais de panicules lâches et aérées.

● *Stipagrostis pungens* est commun dans tout le Sahara. Cette Poacée se rencontre dans les lits d'oueds ensablés, dans les couloirs interdunaires sur sables fins. Dans la région, elle est très présente dans les oueds en bordure de l'erg Admer, au sud dans l'oued Indjaren et dans la plaine de Dider par exemple, où le sable s'est accumulé au pied des touffes, en buttes parfois imposantes.

● La *tullult* est un des pâturages les plus prisés par les chameaux. On coupe les tiges pour obtenir du fourrage de grande qualité, qui fait alors l'objet d'un commerce pour les animaux à l'attache ou parqués. Ces coupes traditionnellement très contrôlées, le sont encore aujourd'hui. On emploie les graines, *ullul*, récoltées, pilées, réduites en farine pour les bouillies et les galettes. La *tullult* est une des deux céréales sauvages - l'autre étant *Panicum* ou *afăẓu* - qui ont été les plus consommées par les Sahariens de cette région, et ceci depuis des générations.

La *tullult* aurait des vertus curatives, notamment pour soigner les dermatoses.

On signale également son utilisation pour tresser des cordages. En bottes serrées, la plante sert à recouvrir les zéribas.

Emex spinosus *agăr agăr* ⵓⴳⵔ ⵓⴳⵔ

● Cette Polygonacée est une herbacée annuelle, ramifiée et feuillue dès la base. Les tiges portent des feuilles vert sombre un peu charnues, de forme plutôt triangulaire, et des fleurs toutes petites plus ou moins rosâtres.

● *Emex spinosus* n'est pas très répandue dans la région. Elle pousse sur le Plateau, dans les oueds un peu sablonneux. On dit aussi qu'elle aime les endroits que les animaux ont fréquentés ou les abords des cultures.

● D'ailleurs, les animaux l'apprécient, comme le prouvent les feuilles toutes broutées.

Rumex vesicarius *ténăsmimt* ⵜⵏⵙⵎⵎⵜ

● Belle plante herbacée annuelle poussant en touffes plus ou moins denses après les pluies. Les feuilles charnues, triangulaires ou légèrement arrondies, poussent sur de longs pétioles. Les tiges droites, ramifiées, portent à leur extrémité les fleurs réunies en grappes abondantes. A maturité, les sépales se transforment en ailes rose pâle ou rouge carmin. Les tiges, les nervures et le bord des feuilles se teintent parfois également de rose. Les flancs des falaises s'habillent ainsi après la pluie d'immenses surfaces colorées de *Rumex*. On voit aussi bien des pieds de quelques centimètres que d'autres, véritables bouquets, de 40 à 50 cm.

● La *ténăsmimt*, l'oseille sauvage fréquente au Tassili, pousse entre les blocs de grès aussi bien sur le Plateau qu'au pied des falaises. L'espèce vesicarius, saharo-arabique, est considérée comme la plus importante au Sahara central ; cependant, on peut supposer la présence de plusieurs espèces ou sous-espèces.

● Selon la littérature, cette plante ne serait pas consommée au Sahara, ce que ne confirme pas la réalité. Au Tassili, bergers et guides s'arrêtent volontiers pour mâcher quelques feuilles fraîches : son acidité la fait apprécier comme désaltérante. On l'ajoute ainsi à la salade. Il s'agit d'un excellent pâturage pouvant engraisser chèvres et chameaux.

Caylusea hexagyna *ummum* ⵎⵓⵎ

● Grande plante herbacée annuelle et occasionnellement pérenne, ramifiée, à la base ligneuse, *Caylusea* porte sur ses rameaux velus et droits des feuilles très étroites, finement crispées sur les bords. Les tiges florales élevées, couvertes de poils blancs, forment de longues grappes de petites fleurs jaune terne.

● Cette espèce soudano-deccanienne est assez fréquente au Tassili où elle se rencontre aussi bien sur des terrains à sable fin que sur les zones plus ou moins rocailleuses. Elle pousse par pieds généralement isolés jusque sur le Plateau.

● Aucun usage ne nous a été signalé sinon qu'il s'agit d'un pâturage possible.

Reseda villosa *abăllanğaḍ* ·ⵀⵍⵏⵖⴹ

● Cette plante pérenne élégante et puissante, paraît vert blanchâtre du fait des poils laineux qui recouvrent tiges et feuilles. Une souche ligneuse épaisse lui permet de lancer chaque année de nouvelles tiges droites et élevées, atteignant jusqu'à 1,50 m, comme nous l'avons constaté lors d'une saison particulièrement humide. Les feuilles alternes, longues et lancéolées, apparaissent légèrement crispées. Les fleurs jaune vif, nombreuses, se présentent en grappes serrées dans la partie haute de la tige. Les fruits sont constitués de grandes capsules dressées.

● Cette endémique saharienne, assez fréquente au Tassili comme dans le reste du Sahara jusqu'au Tibesti, pousse volontiers dans les espaces de sable grossier ou de gravillon ménagés entre les rochers. Présent sur le Plateau tout comme au piémont, ce Réséda occupe aussi les pentes caillouteuses comme on peut le voir à Djanet. *Reseda villosa* est toujours signalé dans les ouvrages sur le Tassili. D'autres espèces y poussent également. On observe d'ailleurs de nombreux pieds qui, bien que peu différents dans leur allure générale, présentent des tiges et des feuilles glabres, parfois trifides, et d'un vert plus soutenu. Les fleurs sont blanc jaunâtre plus claires que chez *Reseda*

villosa et les capsules plus petites. Deux autres espèces figurent pour le Sahara : *R. alphonsi* et *R. arabica* qui diffèrent par leurs capsules.

● L'*abăllanğaḍ* fournit un pâturage intéressant pour les chameaux et les chèvres. Dans le passé, quand on manquait d'autre nourriture, les graines étaient recueillies et transformées en farine.

Oligomeris linifolia **tadălanfăt** +Λ‖IꞮ+

● Cette Résédacée annuelle se rencontre assez fréquemment sur le Plateau, en particulier à l'ouest dans les lits d'oueds comme à Tasset. C'est une herbacée de 10 à 15 cm à peine, à tiges partant de la base, à feuilles étroites ou linéaires, non velues, et à fleurs verdâtres en épis allongés. Elle pousse après la pluie en pieds isolés, et constitue un pâturage apprécié.

Neurada procumbens *ânfăl* ⵏⴼⵍ

● Voici une petite herbacée singulière, couchée, à feuilles laineuses, épaisses et dentelées. Elle ne se sépare pas complètement du fruit dont elle provient et porte donc à hauteur du collet un petit disque hérissé de piquants d'où ses tiges semblent sortir. Les fleurs blanches toutes petites sont entourées de bractées épineuses. Chaque pied porte de nombreux fruits à graine unique. Cette plante pousse après la pluie.

● *Neurada procumbens*, espèce saharo-arabique, seule représentante des Rosacées au Sahara, était naguère classée dans la famille des Neuradacées. On la trouve en quantité impressionnante sur les dunes et dans les lits sablonneux des oueds à *tullult.* La sécheresse revenue, le sable reste parsemé de ces curieux petits disques piquants, qui peuvent ainsi attendre plusieurs années une nouvelle pluie pour germer. Elle est souvent confondue avec le *cram-cram*, qui est en réalité une autre Poacée, *Cenchrus biflorus*, présente plus au sud. Les ouvrages mentionnent que la dissémination des graines serait opérée par les animaux auxquels elles s'accrochent. Or, l'*ânfăl* pousse toujours là où il a séché et ne semble pas coloniser d'autres zones.

● On apprécie l'*ânfă1* comme un excellent pâturage pour chameaux et chèvres. Les jeunes feuilles sont comestibles crues ou cuites dans les sauces.

Haplophyllum tuberculatum *tufiškan* ⵜⴼⵛⴾⵏ

● Ce sous-arbrisseau à tiges dressées et souche un peu ligneuse porte des feuilles ovales allongées et peu denses dans la partie basse de la plante et linéaires dans la partie haute. Ces feuilles sont crispées sur le pourtour et légèrement enroulées sur elles-mêmes. De petites fleurs jaune soufre à quatre pétales s'épanouissent en corymbe à l'extrémité des tiges. La plante mesure d'ordinaire une vingtaine de centimètres mais peut atteindre 50 cm en saison humide. Elle est couverte de petites glandes, produisant une odeur forte assez déroutante, qualifiée de malodorante dans tous les manuels.

● *Haplophyllum tuberculatum*, autrefois *Ruta tuberculata*, est une vivace saharo-arabique fréquente dans le Sahara septentrional mais rare au Tassili. On l'observe en certains lieux bien précis du Plateau, dans les épandages ou les oueds argilo-sableux.

● Récoltée bien fleurie, cette Rue est très recherchée pour parfumer le thé. Sèche et pilée, on l'utilise en faible quantité comme condiment. On parfume parfois le beurre de chèvre avec ses tiges en procédant comme avec l'*aynăsnis* : en petite quantité, son odeur est agréable. Pourtant, la Rue est réputée d'usage dangereux du fait de principes toxiques. Bouillie dans du lait ou en infusion, elle fournit aussi un remède contre les maux de ventre et les ballonnements.

Comme *Peganum*, la *tufiškan* est une des plantes utilisées en fumigation ou en bains locaux pour chasser les germes ou influences maléfiques.

Kickxia aegyptiaca — *amatăltăl* ·ⵎⵜⵍⵜⵍ — *wa n-ăruri* ⵓⵏ ·ⵔⵔ

● Herbacée à l'aspect de liane, cette Linaire est couverte d'un léger duvet. Les longues tiges grêles, se lignifiant au cours de la croissance, peuvent atteindre 1 m. Elles portent de nombreuses feuilles ovales ou auriculées, selon leur position. Les délicates fleurs jaunes s'épanouissent au bout d'un pédoncule très fin et sont remarquables par leurs grande corolle en tube, prolongée par un éperon.

● La plante, assez fréquente au Sahara central, se rencontre au Tassili dans des lits d'oueds à sables grossiers et dans les zones caillouteuses, sur le Plateau comme au pied de la falaise. On observe aussi une Linaire en arbrisseau très rameux, à souches et tiges ligneuses sur lesquelles repoussent de nouvelles tiges aux feuilles serrées, petites, arrondies ou auriculées. Une autre espèce moins rameuse présente des feuilles lancéolées et des fleurs sur des pédoncules fins et très allongés. Peut-être s'agit-il de *Kickxia heterophylla*. Les Linaires sont de toute façon réputées très variables.

● Notre informateur l'appelle *amatăltăl*, nom générique des lianes en tamahaq. Il propose aussi *wa n-ăruri*, donné également pour d'autres plantes. L'*amatăltăl* n'a pas, semble-t-il, d'usage particulier.

Hyoscyamus muticus *afalahlăh* ·ⴼⵍⵂⵍⵂ

● Plante herbacée vivace, elle pousse en touffes imposantes de 40 à 60 cm. Les fortes tiges dressées portent des feuilles épaisses quasi sessiles, un peu visqueuses et couvertes de poils très courts. Forme et dimension des feuilles varient selon leur position le long des tiges. Les fleurs se présentent en cymes longues et fournies, à corolle blanche et tube d'un beau violet foncé. Elles produisent plus tard des capsules. *Hyoscyamus* repousse rapidement après chaque pluie, mais la souche plus ou moins ligneuse résiste bien à la sécheresse.

● Cette plante, une Jusquiame, est présente dans tout le Sahara. La sous-espèce *falezlez* est une endémique saharienne. Dans les bas-fonds argileux et les épandages argilo-sableux, elle forme de véritables colonies comme à Tegharghart près de Djanet ou dans la Tadrart, à Wa n-Zawaten par exemple.

● Tous connaissent la toxicité de l'*afalahlăh*, provoquant hallucinations et vertiges allant jusqu'à la mort, du fait de ses alcaloïdes très actifs. L'histoire nous offre de nombreux exemples d'empoisonnement d'adversaires par cette plante. Les ruminants en mangeraient sans dommage, bien qu'en réalité ses touffes semblent bien peu broutées.

Les criquets en consomment. Et les amateurs de ces insectes risquent fort d'éprouver les mêmes symptômes à des degrés divers si l'invasion correspond à la pousse de l'*afalahlăh* dans la région !

Comme beaucoup d'autres plantes toxiques, elle peut être utilisée à titre médicinal à très faibles doses, en particulier pour soigner les dermatoses. On signale qu'autrefois les femmes en prenaient pour grossir.

Solanum nigrum *tahârt n-ăbaggi* ⵜⵂⵔⵜ ⵏⴱⴳ

● C'est une herbacée annuelle de 20 à 30 cm de haut aux feuilles vert foncé. Les fleurs blanches en grappes donnent de petites baies noires.

● Cette cosmopolite aime les oueds, la proximité des gueltas. On la trouve aussi dans les jardins de l'oasis.

● Elle est réputée toxique, contenant des alcaloïdes comme d'autres Solanacées, en particulier dans ses feuilles et ses fruits verts. Cette variété de Morelle serait mortelle pour certains animaux, mais ni pour les chèvres, ni pour les chameaux. Les chacals la consommeraient, lorsque les fruits sont très mûrs, du moins la rumeur l'affirme. On insiste bien sur le danger qu'elle représente pour les enfants attirés par ses baies.

Typha elephantina *tahlé* +⁝‖

● Ce Typha de grande dimension atteint plus de 2 m de haut. Il se présente sous forme de grandes feuilles allongées, rubanées, à section triangulaire, qui partent du pied et entourent de très longues tiges puissantes. A l'extrémité de ces dernières s'épanouissent les inflorescences en épis élancés brun roux, composés de fleurs femelles serrées, formant comme une gaine cylindrique. Dans la partie supérieure de l'inflorescence, un épi plus grêle rassemble les fleurs mâles. A maturité, les épis deviennent cotonneux.

● Cette vivace tropicale est fréquente autour des points d'eau et des gueltas. L'espèce *T domingensis* s'y rencontre également. Les deux espèces de *Typha* poussent souvent en compagnie de Phragmites et de Joncs, *Juncus sp.*, *talăggit* en tamahaq, et *Scirpus holoschoenus*, nommé *ilăgga*.
A Ihérir par exemple, les fameuses roselières sont en réalité en grande partie composées de *tahlé*, les Massettes. Auparavant il en existait à Djanet, mais elles ont disparu.

● On donne le nom de *tahlé* aux *Typha*. Certains le réservent à *T. elephantina*, préférant appeler *T. domingensis*, *ékăyod*. La *tahlé* est très utilisée, aussi bien en usage domestique qu'alimentaire. On recouvre de Massettes la zeriba traditionnelle d'Ihérir.

Il s'agit d'un pâturage apprécié. Les jeunes pousses sont recherchées par les animaux : chèvres, boeufs. Les enfants aussi aiment les croquer crues. Dans le passé, on les récoltait fréquemment ainsi que les rhizomes pour les piler en farine.

Forsskaolea tenacissima *talltaq* +‖+⋯

● Ce sous-arbrisseau rameux, souvent très touffu, présente des tiges droites, dressées, rougeâtres, portant de nombreuses feuilles vert sombre sur une face et blanc laineux sur l'autre. Les feuilles, au pourtour denté, sont couvertes de poils raides, terminés en minuscules crochets. A l'aisselle des feuilles alternes, les fleurs mâles et femelles se regroupent en petits glomérules hérissés. La plante pousse après la pluie et résiste de longs mois à la sécheresse.

● *Forsskaolea tenacissima* est présente dans tout le Sahara. Au Tassili, on la rencontre assez fréquemment sur le Plateau où elle occupe en touffes isolées les terrains rocailleux et le pied des parois rocheuses. Il s'agit d'une espèce méditerranéenne et saharo-arabique.

● La *talltaq* s'accroche aux vêtements ou au pelage des animaux. Son nom latin traduit cette particularité et les Touaregs aussi l'appellent, non sans humour, « le sparadrap du désert ». Cette plante aurait des qualités hémostatiques.

Fagonia bruguieri *afăssur* ·ⵊⵙⵙⵓ

● Ce petit arbrisseau très rameux mesure entre 15 et 20 cm. Les tiges frêles portent des feuilles trifoliées, qui tombent rapidement, munies à la base de deux stipules plus longues qu'elles. De petites fleurs rose clair vont donner des capsules de dimensions réduites. Tiges, feuilles et stipules sont extrêmement intriquées. Les touffes se lignifient peu à peu, et on en voit fréquemment à divers degrés de dessèchement. Ce *Fagonia* est persistant et résiste bien à la sécheresse.

● *Fagonia bruguieri*, saharo-arabique, est assez fréquent au Tassili, sur les regs à sables grossiers ou même sur terrain rocailleux et plutôt sur le Plateau. La détermination de *Fagonia* n'est pas aisée tant les espèces sont nombreuses et variables, et leurs ports diffèrent selon les circonstances.

● L'*afăssur* est très largement utilisé localement. On le ramasse presque sec, et réduit en poudre on le tamise. Macérée dans l'eau froide, cette préparation est administrée plusieurs fois par jour jusqu'à la guérison dans le cas d'hépatite ou de troubles de foie. On aime en saupoudrer la nourriture. On l'ajoute aussi à la viande en simple condiment.

L'*afăssur* constitue un pâturage pour les herbivores sauvages mais aussi pour les chameaux.

Fagonia glutinosa *tamadunt* +[Λ:I+

● Ce *Fagonia* est une plante pérenne très basse, rameuse, dont les tiges rampent sur le sol. Ses feuilles, petites, trifoliées, portent des stipules très courtes et peu visibles. L'espèce est reconnaissable par le fait que ses feuilles et ses rameaux velus et glanduleux agglutinent plus ou moins le sable. Les fleurs de petites dimensions, rose violacé, s'ouvrent en étoiles. Elles donneront de petites capsules.

● L'espèce, saharo-arabique, est largement répandue sur le Plateau dans les espaces sableux ou rocailleux, et dans les lits d'oueds sablonneux partout ailleurs.

● La *tamadunt* semble peu consommée par les animaux, sans doute à cause de l'excès de sable présent sur toute la plante. Le même nom est attribué à d'autres Fagonia qui agglutinent le sable.

Fagonia latifolia *tamadunt* ⵜⵎⴷⵏⵜ

● En touffes parfois imposantes, souvent à tiges couchées, ce Fagonia se distingue surtout par ses feuilles : la foliole médiane est plus large que les deux latérales. Ses feuilles vert foncé, épaisses, permettent de reconnaître l'espèce, les petites fleurs violettes ou les très courtes stipules n'étant pas caractéristiques. La plante est plus ou moins velue et glanduleuse.

● *F. latifolia*, endémique saharienne, est fréquente dans certaines zones du Tassili, plutôt dans les pentes ou les lits d'oued pierreux. Après une saison bien humide, la plante va s'allonger avec de larges feuilles qui lui donnent un aspect herbacé très différent des autres *Fagonia*.

● Quand le pied agglutine le sable on l'appelle *tamadunt* comme *F. glutinosa*, sinon, l'informateur hésite. Les nomades soulignent la difficulté pour reconnaître l'espèce, ce qui conduit parfois à des confusions. Une même plante étant nommée *tahanătnăt* par l'un et *tafesurt* par l'autre. Ceci explique les imprécisions des noms vernaculaires que l'on relève dans les ouvrages.

Fagonia tenuifolia *tahanătnăt* ⵜⵀⵏⵜⵏⵜ

● Ce sous-arbrisseau se présente en grosses touffes qui atteignent 50 cm, et étale ses rameaux intriqués entre les blocs rocheux. Il n'agglutine pas le sable. Les feuilles à trois folioles allongées pétiolées, et les stipules courtes, sont portées par des tiges striées. La plante surprend par l'abondance de ses grandes fleurs odorantes d'un mauve plus ou moins soutenu.

● *F. tenuifolia* endémique saharienne, est fréquente au Sahara central et au Tassili. Elle pousse sur le sable grossier des oueds au pied du Plateau, mais surtout dans la rocaille et les oueds rocheux en altitude. Son aspect varie énormément selon l'importance des pluies.

● On appelle ici *F. tenuifolia* sans hésitation *tahanătnăt*. On attribue le même nom à *F. arabica*.

Fagonia olivieri — *tahanătnăt* — ⵜⵂⵏⵜⵏⵜ

● Ce *Fagonia* pérenne à feuilles lancéolées non trifoliées et à longues stipules offre l'aspect d'un petit buisson bas. Les fleurs rose pâle sont de dimensions réduites. La plante agglutine un peu de sable (en bas à droite).
● On la rencontre dans les terrains sablonneux plutôt dans la zone sud. Il s'agit d'une saharo-arabique assez fréquente.

Fagonia arabica — *ambăruğ* — ⵎⵀⵔⵊ̈

● Egalement pérenne, il croît parfois en compagnie du précédent comme le montre l'illustration (en haut à gauche). D'un vert plus jaunâtre, la plante pousse en touffes aux tiges dressées qui atteignent 20 à 30 cm. Les feuilles trifoliées à la base n'ont plus qu'une foliole dans la partie haute, et les stipules sont particulièrement impressionnantes. *F. arabica* porte des fleurs plus grandes et plus colorées que celles de *F. olivieri* et agglutine un peu le sable.
● Saharo-arabique, il est fréquent dans la région sous sa variété *tilhoana*, et prospère de préférence sur sable ou gravillon.
● Ces deux derniers *Fagonia* ne possèdent pas de nom faisant l'unanimité : certains avancent le nom de *tafăssurt*, ou de *tahanătnăt*, d'autres lui attribuent celui de *afăssur wa n-anhil*, peut-être parce que les autruches les apprécient. *F. arabica* porte parfois le nom de *ambăruğ*.

Autre Fagonia

● Un autre *Fagonia* que l'on appelle *ambăruğ* n'a pas été déterminé. Il pousse en buissons qui atteignent parfois 50 à 60 cm de haut et s'étalent largement. Vivace, il se couvre après la pluie de jeunes pousses et de fleurs mauves odorantes. Les feuilles trifoliées tombent rapidement et il ne reste que les stipules plus ou moins courtes. La plante retient un peu de sable. Elle est très fréquente dans la zone sud. Comme d'autres *Fagonia*, *ambăruğ* (ci-dessous) est apprécié des animaux, en particulier des petits rongeurs et des lapins dont on voit les traces abondantes autour des pieds.

Peganum harmala — *wa n-téfriwen* — ⵓⵏⵜⴼⵔⵓⵏ

● Cette herbacée vivace disparaît pendant la sécheresse, mais la souche reprend vie aux premières pluies. Elle pousse en grosses touffes buissonnantes, très rameuses, vert sombre, et porte des feuilles allongées, divisées en multiples lanières très fines. Les grandes fleurs blanches, pourvues de sépales effilés, supportées par de longs pédoncules, s'épanouissent à l'extrémité des tiges. Les fruits, petites capsules sphériques, renferment des graines noires. Toute la plante est malodorante.

● Cosmopolite, elle se rencontre en altitude sur le Plateau. Au Tassili, elle est assez rare, et pousse sur des zones sableuses au milieu de la rocaille, souvent au pied des abris fréquentés par les animaux.

● Les touffes intactes de la plante dans un pâturage brouté à ras laissent penser que les animaux l'évitent d'eux-mêmes.
On parle avec circonspection de *wa n-téfriwen*, nommé aussi *harmel*. On en connaît l'intérêt mais également le danger. Il semble qu'on en fasse un usage prophylactique, en fumigation par exemple. La plante sert alors à dissiper les troubles provoqués par le mauvais oeil. Elle traite également les convulsions des enfants.
Par ailleurs, on nous a signalé son utilisation contre les rhumatismes : la plante fraîche, écrasée, est utilisée en frictions.
Notons qu'elle contient quatre alcaloïdes différents très actifs, stimulants du système nerveux central, mais susceptibles de provoquer également des intoxications très graves. Ainsi, *wa n-téfriwen* entrerait dans plusieurs mélanges savants, qui restent cependant du domaine des guérisseurs. Depuis la médecine ancienne et encore aujourd'hui, on lui porte un intérêt particulier dans certains pays, où on lui attribue des vertus médicinales et aussi magiques.

Seetzenia lanata *wa n-ăruri* :IOO

● C'est une petite herbacée pérenne ou annuelle selon les circonstances, aux tiges couchées rameuses, garnies de feuilles alternes trifoliées presque sessiles. Les nouvelles tiges prennent naissance à l'aisselle des feuilles, où l'on discerne également de petites fleurs isolées à l'extrémité de longs pédoncules. Elles sont formées de cinq bractées rose jaunâtre, sans pétales, protégeant cinq étamines. Le fruit est une grosse capsule. *Seetzenia* pousse après la pluie.

● Cette espèce, propre au Sud-Ouest africain et à la région saharo-arabique, n'est pas fréquente dans la zone du Tassili. On la rencontre dans les oueds sablonneux et sablo-argileux du Sud.

● Les nomades ne sont pas certains quant à son nom. Ils donnent *wa n-ăruri,* nom qu'ils attribuent aussi à *Kickxia*. Nous avons remarqué que la plante ne semble pas broutée. On n'a d'ailleurs pas pu nous indiquer d'utilisation.

Tribulus macropterus *éǧela* ·Ï ǁ

● La plante se présente couchée sur le sol en grosses touffes denses aux tiges ramifiées, redressées à l'extrémité, longues parfois de plus de 50 cm. Les feuilles sont opposées, à petites folioles serrées. Un duvet important couvre l'ensemble, lui donnant une couleur vert argenté. Les fleurs, simples et isolées, à cinq pétales blancs, donnent de gros fruits, hérissés d'ailes coriaces, caractéristiques de l'espèce.
Il faut des pluies abondantes pour que cette annuelle apparaisse ; ensuite, elle résiste bien à la sécheresse. Dans certains cas, ce *Tribulus*, tout comme les suivants, pourrait être pérenne.

● On découvre *Tribulus macropterus* dans les zones sablo-argileuses. Il est fréquent dans la Tadrart et pousse également sur le Plateau dans les sables grossiers en bordure des oueds. C'est une espèce saharo-arabique très variable, décrite, comme tous les *Tribulus*, avec des fleurs jaunes. En réalité, elle porte dans toute la région des fleurs blanches.

● Les animaux semblent plutôt dédaigner ce *Tribulus*, dont les touffes sèchent sur pied.

Tribulus ochroleucus — *borial* — ⴱⵔⵍ

● Ce *Tribulus*, aussi une annuelle, entièrement recouvert de longs poils, porte des fleurs jaune pâle et de gros fruits. La capsule ovoïde ne présente ni épines, ni ailes. Elle est également velue.

● Cette espèce endémique saharienne pousse d'ordinaire dans la partie sud du Sahara. Et on observe dans la Tadrart des zones entièrement colonisées par ce *Tribulus* en touffes serrées.
Les herbivores le broutent occasionnellement.

Tribulus terrestris — *tağaroft* — ⵜⵗⵔⴼⵜ

De plus petite taille et moins velu, ce *Tribulus* également annuel a le même port que le précédent. Ses fleurs sont jaunes. Son fruit, muni de véritables épines, n'est pas aussi gros que celui de *T. alatus*. Cette cosmopolite se rencontre un peu partout dans la région sans pour autant être fréquente.

En période de soudure, lorsque les provisions se faisaient rares, les femmes recueillaient les graines sur la plante, voire dans les fourmilières, comme cela se pratiquait pour nombre d'autres végétaux. On les pilait, et la farine pouvait être consommée sans cuisson, qualité toujours appréciée par les nomades. Aujourd'hui encore, les graines contribuent à l'alimentation, dans l'Ayr par exemple. Les bouillies sont réputées pour leur goût savoureux.

Zygophyllum simplex *făẓamăn* ⵊ#ⵎⵏ

● Cette plante annuelle possède des tiges vert cru très rameuses, couchées sur le sol. D'ordinaire de très petite taille, elle peut s'étaler, atteignant 15 à 20 cm dans des conditions favorables après la pluie. Les feuilles opposées sont caractéristiques : cylindriques, allongées et succulentes. Rapidement, le *făẓamăn* est constellé de minuscules fleurs jaune orangé très nombreuses. Les fruits se présentent sous la forme de capsules striées. Il s'agit d'une plante fragile qui se dessèche rapidement. Certains spécialistes estiment qu'occasionnellement elle peut être pérenne.

● Cette espèce soudano-deccanienne, assez fréquente au Tassili, se rencontre dans les oueds argilo-sablonneux et les terrains caillouteux. A certaines périodes, le sol se couvre de *făẓamăn*, qui tranche alors par ses teintes vives sur la grisaille environnante.

● Le *făẓamăn* est un pâturage moyen, apprécié surtout par les ânes. Aucune autre utilisation ne nous a été signalée.

Annexes

Lexique
Vocabulaire illustré
Liste des espèces par noms botaniques
Liste des espèces par noms tamahaq
Liste des espèces classées par familles
Bibliographie
Légendes des illustrations

Lexique

Abayogh (tamahaq), ***guerba*** (arabe). n. f., outre en peau de chèvre.

Achaine ou ***akène***. n.m., fruit sec à une graine, qui ne s'ouvre pas spontanément à maturité.

Agelmam (tamahaq), ***guelta*** (arabe). n. f., réserve d'eau temporaire ou permanente.

Akène. voir *achaine*.

Akba. n. f., col ou passage permettant l'accès au Plateau du Tassili.

Alcaloïde. n.m., substance chimique présente dans certaines plantes : a une action toxique puissante même à faible dose.

Antalgique. adj., qui calme la douleur.

Anthère. n. f., partie renflée de l'étamine où se forme le pollen.

Biotope. n.m., milieu biologique offrant des conditions relativement stables à une population animale et végétale.

Capitule. n.m., inflorescence des Astéracées, Composées, formée de fleurs sessiles, serrées les unes contre les autres, entourées par les bractées. Parfois, elles sont en tubes identiques, mais dans certains cas, celles de la périphérie ont une corolle en languette penchée vers l'extérieur (cas du Chrysanthemum).

Cosmopolite. adj., concerne une plante sauvage qui peut pousser dans toutes les parties du monde ; n'a pas de région privilégiée.

Décoction. n. f , liquide obtenu après avoir fait bouillir une plante dans l'eau.

Diurétique. adj. et n. m., qui favorise les sécrétions urinaires.

Emménagogue. adj., qui facilite les règles.

Endémique. adj., se rapporte à une plante qui a une aire de répartition très réduite. Il importe de préciser le contexte de l'endémicité : endémique saharienne, maghrébine…

Erg. n. m., zone formée par des dunes de sable.

Follicule. n. m., fruit sec, « petit sac », s'ouvrant par une seule fente.

Glomérule. n. m., inflorescence où les fleurs sessiles groupées sont situées au même niveau sur la tige.

Glutineux. adj., visqueux, collant.

Guelta (arabe), ***agelmam*** (tamahaq). n. f., réserve d'eau naturelle, temporaire ou permanente.

Guerba (arabe), ***abayogh*** (tamahaq). n. f., outre en peau de chèvre.

Hémostatique. adj. et n. m., qui permet d'arrêter un écoulement de sang par son effet coagulant ou vasoconstricteur.

Infusion. n. f., liquide obtenu après avoir versé de l'eau bouillante sur une plante.

Latex. n. m., liquide coloré ou non, sécrété par les blessures de certaines plantes.

Ligule. n. f., languette membraneuse saillante portée par la base d'une feuille (face supérieure) - languette constituée par la corolle des fleurons, par exemple chez certaines Astéracées.

Macération. n. f., produit obtenu après avoir laissé tremper, pendant un certain temps, la plante dans un liquide froid.

Oued. n. m., cours d'eau intermittent dans les zones arides.

Panicule. n. f., inflorescence en forme de grappe de petits épis (épillets).

Pérenne. adj., qui vit plusieurs années, vivace.

Rameux. adj., qui possède de nombreuses ramifications.

Rhizome. n. m., tige souterraine allongée des plantes vivaces, émettant des tiges et des racines.

Reg. n. m., vaste zone plane caillouteuse.

Rosette. n. f., ensemble des feuilles formant un cercle autour de la tige, généralement au collet, au ras du sol.

Sessile. adj., feuille sessile : feuille dépourvue de pétiole.

Silique. n. f., fruit sec qui s'ouvre spontanément à maturité, comportant deux cavités séparées par une fausse cloison. qui porte les graines.

Succulent. adj., charnu et riche en eau.

Tamahaq. n. f., langue parlée par les Touaregs de l'Algérie. On dit ***tamasheq*** plus au sud.

Tifinagh. n. m., écriture composée de 24 signes, utilisée pour transcrire la langue tamahaq.

Tassili. n.m., plateau gréseux.

Vernaculaire. adj., se dit d'un nom donné dans la langue courante.

Vulnéraire. adj., qui soigne les blessures, les plaies.

Zeriba (arabe), ***ikaber*** (tamahaq). n. f., habitation traditionnelle locale ; case arrondie.

Vocabulaire illustré

Les feuilles

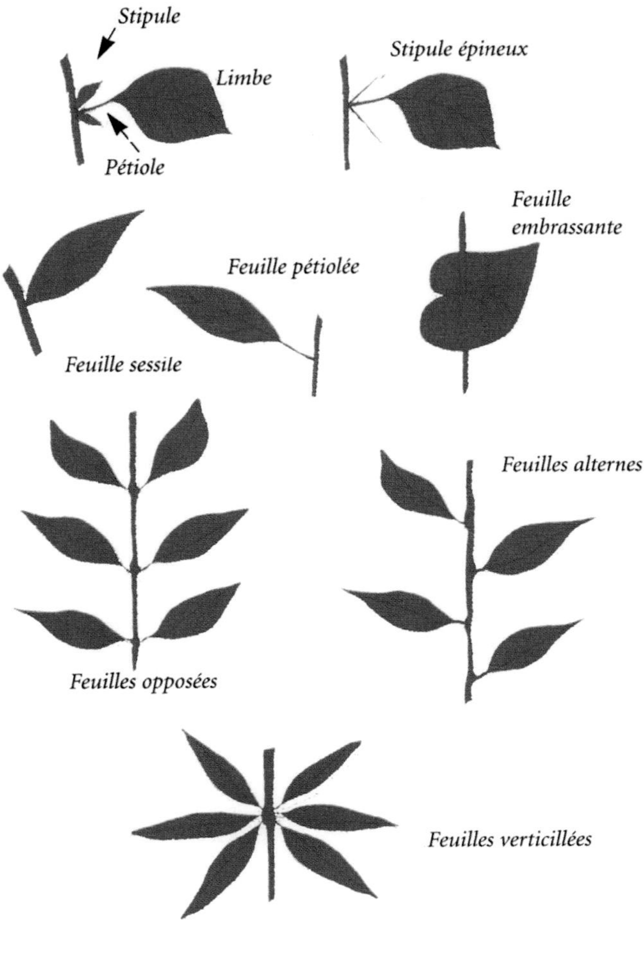

Feuille simple entière

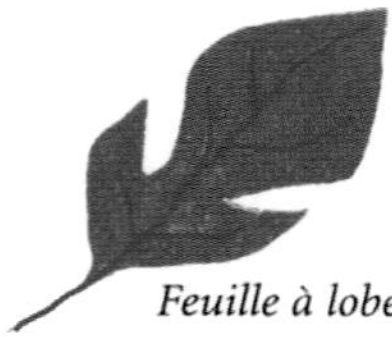

Feuille à lobes

Feuille découpée

Feuille en lanières

Feuille linéaire

Feuille composée

Les fleurs

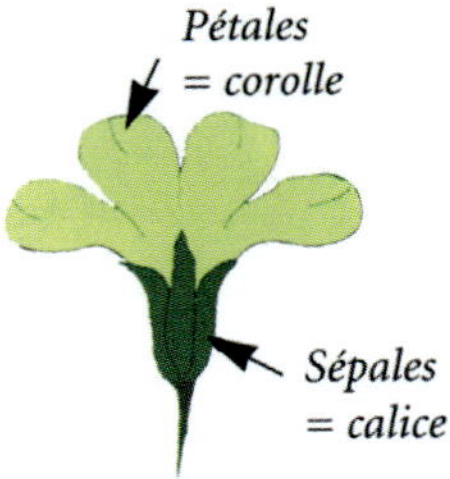
Pétales
= corolle
Sépales
= calice

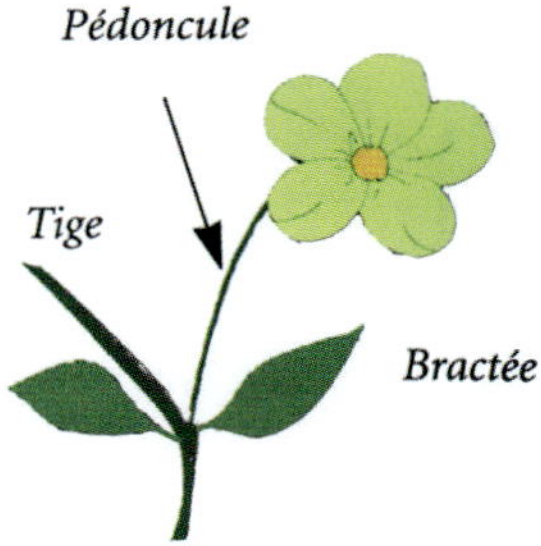
Pédoncule
Tige
Bractée

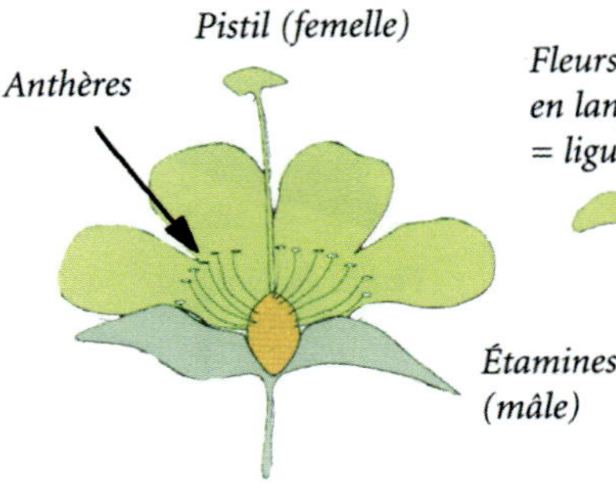
Pistil (femelle)
Anthères
Étamines
(mâle)

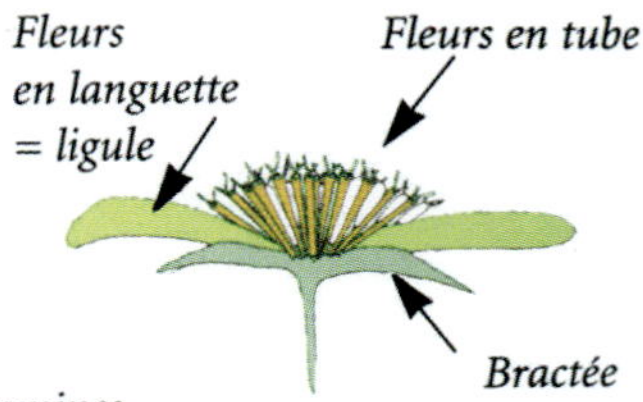
Fleurs
en languette
= ligule
Fleurs en tube
Bractée

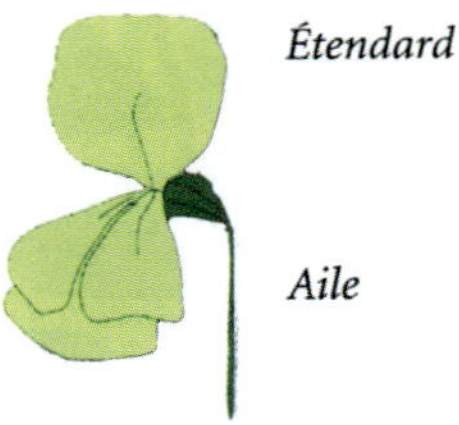
Étendard
Aile

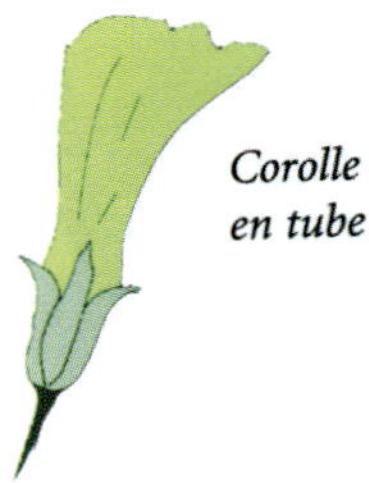
Corolle
en tube

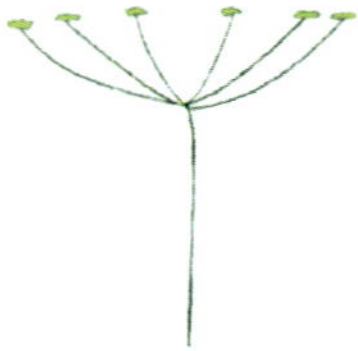

en ombelle

en capitule

en cyme

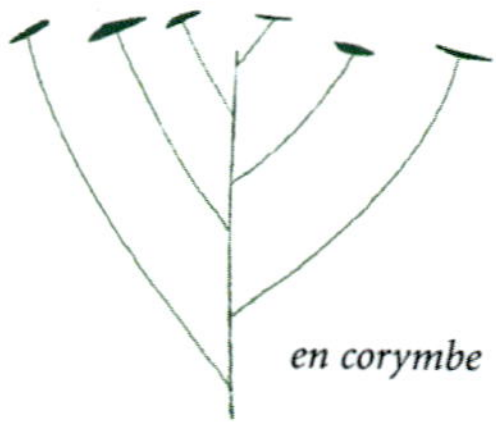

en corymbe

en grappe

épillets

épi

Les fruits

Gousse ouverte

Silique ouverte

Follicules

Capsule

Liste des espèces mentionnées par noms botaniques

Chrysanthemum macrocarpum	*témasăswit* *awleslis*	ⵜⵎⵙⵙⵡⵜ ⵡⵍⵙⵍⵙ	118
Cistanche phelypaea	*ahléwăn*	·ⵀⵍⵡⵏ	191
Citrullus colocynthis	*alkăḍ*	·ⵍⴽⴹ	163
Cleome amblyocarpa	*ahoyyagh*	·ⵀⵢⵗ	150
Cornulaca monacantha	*tahara*	ⵜⵀⵔ	158
Cotula cinerea	*takkélt*	ⵜⴽⵍⵜ	119
Crotalaria saharae	*afârfăr*	·ⴼⵔⴼⵔ	169
Cymbopogon schoenanthus	*tébărémt*	ⵜⴱⵔⵎⵜ	196
Desmostachya bipinnata	*tébăstawt* *taksést*	ⵜⴱⵙⵜⵡⵜ ⵜⴽⵙⵙⵜ	197
Deverra scoparia	*taṭṭayt* *aṭṭa*	ⵜⵟⵢⵜ ·ⵟ·	106
Diplotaxis acris	*azăzăğa*	·ⵣⵣⵊ	140
Diplotaxis harra	*efăs*	ⴼⵙ	141
Echinops spinosissimus	*téfăryast*	ⵜⴼⵔⵢⵙⵜ	120
Echiochilon fruticosum	*ahăw*	·ⵀⵡ	133
Echium humile	*taynăst*	ⵜⵢⵏⵙⵜ	134
Emex spinosus	*agăr agăr*	·ⴳⵔ ·ⴳⵔ	206
Eremobium aegyptiacum	*almaruğăt*	ⵍⵎⵔⵡⵊⵜ	142
Erodium glaucophyllum	*oẓma*	·ⵥⵎ	177
Eruca sativa	*tanăkfayt*	ⵜⵏⴽⴼⵢⵜ	143
Euphorbia calyptrata	*tănaqqât*	ⵜⵏⵈⵜ	164
Euphorbia granulata	*téllakh*	ⵜⵍⵅ	165
Fagonia arabica	*ambăruğ*	ⵎⴱⵔⵊ	222
Fagonia bruguieri	*afăssur*	·ⴼⵙⵡⵔ	218
Fagonia glutinosa	*tamadunt*	ⵜⵎⴷⵡⵏⵜ	219
Fagonia latifolia	*tamadunt*	ⵜⵎⴷⵡⵏⵜ	220
Fagonia olivieri	*tahanătnăt*	ⵜⵀⵏⵜⵏⵜ	222

Fagonia tenuifolia	*tahanătnăt*	ⵜⵂⵏⵜⵏⵜ	221
Farsetia aegyptia	*timẓar*	ⵜⵎⵥⵔ	144
Forsskaolea tenacissima	*talltaq*	ⵜⵍⵜⵈ	217
Glossonema boveanum	*ağeku*	ⴰⵊⴾ	109
Haplophyllum tuberculatum	*tufiškan*	ⵜⴼⵛⴾⵏ	212
Helianthemum lippii	*tahawăt*	ⵜⵂⵓⵜ	162
Heliotropium ramosissimum	*tahănna*	ⵜⵂⵏ	135
Hyoscyamus muticus	*afalahlăh*	ⴰⴼⵍⵂⵍⵂ	214
Ifloga spicata	*ahyuf n-ekli*	ⴰⵂⵢⵓⴼ ⵏⴾⵍ	121
Imperata cylindrica	*ébăstaw*	ⴰⴱⵙⵜⵓ	198
Juncus sp.	*talăggit*	ⵜⵍⴳⵜ	
Kickxia aegyptiaca	*amatăltăl wa n-ăruri*	ⴰⵎⵜⵍⵜⵍ ⵓⵏ ⴰⵔⵔ	213
Launaea nudicaulis	*agharărăm / aghăram*	ⴰⵂⵔⵔⵎ ⴰⵂⵔⵎ	122
Lavandula antineae	*éğayăh*	ⵊⵢⵂ	180
Limonium sinuatum* subsp. *bonduellei	*ẓeani*	ⵥⵏ	195
Lotus glinoides	*amghanen*	ⴰⵎⵂⵏⵏ	170
Lotus jolyi	*amarăẓrăẓ*	ⴰⵎⵔⵥⵔⵥ	171
Lotus roudairei	*amatăltăl*	ⴰⵎⵜⵍⵜⵍ	172
Lupinus digitatus	*ğaẓẓăy fuk*	ⵊⵥⵢ ⴼⴾ	173
Malva aegyptiaca	*amatăltăl*	ⴰⵎⵜⵍⵜⵍ	189
Marrubium deserti	*telheret*	ⵜⵍⵂⵔⵜ	181
Matthiola longipetala	*tamaḍé / tamadé*	ⵜⵎⴹ ⵜⵎⴷ	145
Moltkiopsis ciliata	*aginăs*	ⴰⴳⵏⵙ	136
Monsonia nivea	*aẓrăn*	ⴰⵥⵔⵏ	178
Morettia canescens	*aslâgh*	ⴰⵙⵍ	146
Moricandia arvensis	*tamaḍe*	ⵜⵎⴹ	145

Nauplius graveolens	*amayu*	ⵏⵎⵢⵓ	123
Neurada procumbens	*ânfăl*	ⵏⴼⵍ	211
Nucularia perrini	*tassak*	ⵜⵙⴾ	159
Oligomeris linifolia	*tadălanfăt*	ⵜⴷⵍⵏⴼⵜ	210
Orobanche aegyptiaca	*éfătăkši*	ⴼⵜⴾⵛ	192
Orobanche cernua	*tamẓăllit*	ⵜⵎⵣⵍⵜ	193
Pancratium trianthum	*téfălélit*	ⵜⴼⵍⵍⵜ	104
Panicum turgidum	*afăẓu*	·ⴼⵣⵓ	200
Paronychia arabica	*takuffé n-mali* *ahyuf n-ekli*	ⵜⴾⴼ ⵏⵎⵍ ·ⵀⵢⵓⴼ ⵏⴾⵍ	152
Patellifolia patellaris	*geluki*	ⴳⵍⴾ	156
Peganum harmala	*wa n-téfriwen*	ⵓⵏⵜⴼⵔⵓⵏ	224
Pergularia tomentosa	*taškat*	ⵜⵛⴾⵜ	110
Perralderia coronopifolia	*awarhăḍ*	ⵓⵔⵀⴹ	124
Phragmites australis	*almăs*	·ⵍⵎⵙ	199
Picris asplenioides	*tasuyyé*	ⵜⵙⵓⵢ	125
Plantago ciliata	*anadem*	·ⵏⴷⵎ	194
Polycarpaea repens	*aššăngaḍéḍ*	ⵛⵏⴳⴹⴹ	151
Polycarpaea robbairea	*taššăngaḍéḍ*	ⵜⵛⵏⴳⴹⴹ	151
Psoralea plicata	*tarăda*	ⵜⵔⴷ	174
Pulicaria crispa	*ténăḍfért*	ⵜⵏⴹⴼⵔⵜ	126
Pulicaria incisa	*tamăyut*	ⵜⵎⵢⵜ	127
Reseda villosa	*abăllanğaḍ*	·ⴱⵍⵏⵊⴹ	209
Rumex vesicarius	*ténăsmimt*	ⵜⵏⵙⵎⵎⵜ	207
Saccharum ravennae	*tésănğălt*	ⵜⵙⵏⵊⵍⵜ	202
Salsola baryosma	*issin*	ⵙⵏ	160
Salsola vermiculata	*talizza*	ⵜⵍⵥ	
Salvia aegyptiaca	*sasaf*	ⵙⵙⴼ	182
Salvia chudaei	*abhihawt*	·ⴱⵀⵀⵓⵜ	183

Schouwia thebaica	*alwăt*	ⴰⵍⵓⵜ	147
Scirpus holoschoenus	*ilăgga*	ⴰⵍⴳ	216
Sclerocephalus arabicus	*tasakkărut*	ⵜⵙⴾⵔⵜ	152
Seetzenia lanata	*wa n-ăruri*	ⵓⵏⵔⵔ	225
Senecio flavus	*telubaghat* *tidé n-tenet*	ⵜⵍⵀⵗⵜ ⵜⴷⵏⵜⵏⵜ	128
Senecio hoggariensis	*témăsăswit*	ⵜⵎⵙⵙⵓⵜ	118
Seriphidium herba-alba	*zazăré*	ⵣⵣⵔ	130
Silene villosa	*tăbăk amaḍâl*	ⵜⵀⴾ ⴰⵎⴹⵍ	153
Solanum nigrum	*tahârt* *n-ăbaggi*	ⵜⵂⵂⵔⵜⵏⵀⴳ	215
Solenostemma argel	*aghăllašăm*	ⴰⵗⵍⵛⵎ	111
Stipagrostis obtusa	*alămmoẓ*	ⴰⵍⵎⵥ	203
Stipagrostis plumosa	*aghămmud*	ⴰⵗⵎⵓⴷ	204
Stipagrostis pungens	*tullult*	ⵜⵍⵓⵍⵜ	205
Suaeda vermiculata	*awssak*	ⵓⵙⴾ	
Tephrosia purpurea	*ténăfi(t)*	ⵜⵏⴼⵜ	175
Teucrium polium helichrysoides	*tăkmazzutén*	ⵜⴰⴾⵎⵣⵜ	184
Traganum nudatum	*terahit*	ⵜⵔⵂⵜ	161
Tribulus macropterus	*éğela*	ⴰⵊⵍ	226
Tribulus ochroleucus	*borial*	ⵀⵔⵍ	227
Tribulus terrestris	*tağaroft*	ⵜⵊⵔⴼⵜ	227
Trichodesma africanum	*alkah / talkaht*	ⴰⵍⴾⵂ ⵜⵍⴾⵂⵜ	137
Trigonella anguina	*éhăsăs*	ⵂⵙⵙ	176
Typha domingensis	*ékăyoḍ*	ⴾⵢⴹ	216
Typha elephantina	*tahlé*	ⵜⵂⵍ	216
Varthemia sericea	*tağărt n-esăli*	ⵜⵊⵔⵜⵏⵙⵍ	131
Zilla spinosa	*aftaẓẓăn*	ⴰⴼⵜⵥⵏ	148
Zygophyllum simplex	*făẓamăn*	ⴼⵥⵎⵏ	228

Liste des espèces mentionnées par noms tamahaq

alkăḍ	*Citrullus colocynthis*	·‖∵E	163
alkah / talkaht	*Trichodesma africanum*	·‖∵⁞ +‖∵⁞+	137
almaruğăt	*Eremobium aegyptiacum*	‖[○:ï+	142
almăs	*Phragmites australis*	·‖[⊙	199
alwăt	*Schouwia thebaica*	·‖:+	147
amarăẓrăẓ	*Lotus jolyi*	·[○#○#	171
amaskăki	*Atractylis aristata*	·[⊙∵∵	115
amatăltăl wa n-ăruri	*Kickxia aegyptiaca*	·[+‖+‖ :I ·○○	213
amatăltăl	*Lotus roudairei*	·[+‖+‖	172
amatăltăl	*Malva aegyptiaca*	·[+‖+‖	189
amayu	*Nauplius graveolens*	I[≶:	123
ambăruğ	*Fagonia arabica*	[⦶○ï	222
amghanen	*Lotus glinoides*	·[⁝II	170
anadem	*Plantago ciliata*	·I∧[	194
ânfăl	*Neurada procumbens*	I][‖	211
aslâgh	*Morettia canescens*	·⊙‖	146
aššăngaḍéḍ	*Polycarpaea repens*	GIⵅEE	151
awarhăḍ	*Perralderia coronopifolia*	:○⁞E	124
awhantăt	*Centaurea pungens*	:⁞I++	116
awssak	*Suaeda vermiculata*	:⊙∵	
aynăsnis	*Chamomilla pubescens*	≶I⊙I⊙	117
azăzăğa	*Diplotaxis acris*	·ⵣⵣï	140
aẓrăn	*Monsonia nivea*	·#○I	178
bandăr	*Anabasis articulata*	⦶I∧○	155
borial	*Tribulus ochroleucus*	⦶○‖	227
éğayăh	*Lavandula antineae*	ï≶⁞	180
éğela	*Tribulus macropterus*	·ï‖	226
ébădebăd	*Boerhavia repens*	⦶∧⦶∧	190

ébăstaw	*Imperata cylindrica*	·ⴱⵙⵜⵓ	198
efăs	*Diplotaxis harra*	ⴼⵙ	141
éfătăkši	*Orobanche aegyptiaca*	ⴼⵜⴾⵛ	192
égher	*Arnebia decumbens*	ⵗⵔ	132
éhăsăs	*Trigonella anguina*	ⵂⵙⵙ	176
ékaššăker	*Astragalus gombo*	·ⴾⵛⴾⵔ	166
ékăyoḍ	*Typha domingensis*	ⴾⵢⴹ	216
făẓamăn	*Zygophyllum simplex*	ⴼⵣⵎⵏ	228
geluki	*Patellifolia patellaris*	ⴳⵍⴾ	156
ğaẓẓăy fuk	*Lupinus digitatus*	ⵊⵣⵢ ⴼⴾ	173
iẓăyan	*Asphodelus tenuifolius*	ⵣⵢⵏ	188
ilăgga	*Scirpus holoschoenus*	·ⵍⴳ	216
issin	*Salsola baryosma*	ⵙⵏ	160
matăkarku	*Androcymbium wyssianum*	ⵎⵜⴾⵔⴾ	186
oẓma	*Erodium glaucophyllum*	·ⵣⵎ	177
sasaf	*Salvia aegyptiaca*	ⵙⵙⴼ	182
taẓarat	*Amaranthus graecizans* subsp. *silvestris*	ⵜⵣⵔⵜ	103
ta%%ayt / a%%a	*Deverra scoparia*	ⵜⴹⵢⵜ / ·ⴹ·	106
tağaroft	*Tribulus terrestris*	ⵜⵊⵔⴼⵜ	227
tağărt n-esăli	*Varthemia sericea*	ⵜⵊⵔⵜⵏⵙⵍ	131
tağuq	*Artemisia campestris*	ⵜⵊⵈ	113
tăbăk amaḍâl	*Silene villosa*	ⵜⴱⴾ ·ⵎⴹⵍ	153
tadălanfăt	*Oligomeris linifolia*	ⵜⴷⵍⵏⴼⵜ	210
tahanătnăt	*Fagonia olivieri*	ⵜⵂⵏⵜⵏⵜ	222
tahanătnăt	*Fagonia tenuifolia*	ⵜⵂⵏⵜⵏⵜ	221
tahănna	*Heliotropium ramosissimum*	ⵜⵂⵏ	135
tahara	*Cornulaca monacantha*	ⵜⵂⵔ	158
tahârt n-ăbaggi	*Solanum nigrum*	ⵜⵂⵂⵔⵜⵏⴱⴳ	215

tahawăt	*Helianthemum lippii*	+⁝:+	162
tahlé	*Typha elephantina*	+⁝‖	216
tăkamayt	*Centropodia forskalii*	+∴[≷+	203
takkélt	*Cotula cinerea*	+∴‖+	119
tăkmazzutén	*Teucrium polium helichrysoides*	+·∴[ⵥ+	184
takuffé n-mali	*Paronychia arabica*	+∴][|[‖	
talăggit	*Juncus sp.*	+‖ⵅ+	
tălulut	*Capparis spinosa*	+‖‖+	149
tamẓăllit	*Orobanche cernua*	+[#‖+	193
tamaḍe	*Moricandia arvensis*	+[E	145
tamaḍé / tamadé	*Matthiola longipetala*	+[E +[Λ	145
tamadunt	*Fagonia glutinosa*	+[Λ:|+	219
tamadunt	*Fagonia latifolia*	+[Λ:|+	220
tamăyut	*Pulicaria incisa*	+[≷+	127
tanăkfayt	*Eruca sativa*	+|∴][≷+	143
tănaqqât	*Euphorbia calyptrata*	+|⋯+	164
tarăda	*Psoralea plicata*	+○Λ	174
tasakkărut	*Sclerocephalus arabicus*	+⊙∴○+	152
taškat	*Pergularia tomentosa*	+Ɵ∴+	110
tassak	*Nucularia perrini*	+⊙∴	159
taššăngaḍéḍ	*Polycarpaea robbairea*	+Ɵ|ⵅEE	151
tasuyyé	*Picris asplenioides*	+⊙:≷	125
taybăru(t)	*Caralluma decaisneana*	+≷⦶○+	108
taynăst	*Echium humile*	+≷|⊙+	134
téẓăyt	*Asphodelus refractus*	+#≷+	187
tébărémt	*Cymbopogon schoenanthus*	+⦶○[+	196
tébăstawt / taksést	*Desmostachya bipinnata*	+⦶⊙+:+	
téfălélit	*Pancratium trianthum*	+][‖‖+	104
téfăryast	*Echinops spinosissimus*	+][○≷⊙+	120

téharağğălé	*Artemisia judaica*	ⵜⵂⵔⴶⵍ	114
telheret	*Marrubium deserti*	ⵜⵍⵂⵔⵜ	181
téllakh	*Euphorbia granulata*	ⵜⵍⵆ	165
telubaghat	*Senecio flavus*	ⵜⵍⴱⵂⵜ	
témasăswit	*Chrysanthemum macrocarpum*	ⵜⵎⵙⵙⵓⵜ	
témăsăswit	*Senecio hoggariensis*	ⵜⵎⵙⵙⵓⵜ	118
ténăḍfért	*Pulicaria crispa*	ⵜⵏⴹⴼⵔⵜ	126
témăkărké#t	*Aerva javanica*	ⵜⵎⴾⵔⴾⵣⵜ	102
ténăfi(t)	*Tephrosia purpurea*	ⵜⵏⴼⵜ	175
ténăsmimt	*Rumex vesicarius*	ⵜⵏⵙⵎⵎⵜ	207
terahit	*Traganum nudatum*	ⵜⵔⵂⵜ	161
tésănğălt	*Saccharum ravennae*	ⵜⵙⵏⴶⵍⵜ	202
timẓar	*Farsetia aegyptia*	ⵜⵎⵣⵔ	144
tufiškan	*Haplophyllum tuberculatum*	ⵜⴼⵛⴾⵏ	212
tullult	*Stipagrostis pungens*	ⵜⵍⵓⵍⵜ	205
uhas	*Bassia muricata*	ⵓⵂⵙ	156
ummum	*Caylusea hexagyna*	ⵎⵓⵎ	208
wa n-ăruri	*Seetzenia lanata*	ⵓⵏⵔⵔ	225
wa n-téfriwen	*Peganum harmala*	ⵓⵏⵜⴼⵔⵓⵏ	224
zazăré	*Seriphidium herba-alba*	ⵥⵥⵔ	130
ẓeani	*Limonium sinuatum subsp. bonduellei*	ⵣⵏ	195

Liste des espèces classées par familles[1]

1. L'ancien nom est donné entre crochets

Seriphidium herba-alba (Asso) J. Sojak [*Artemisia herba-alba*]
Varthemia sericea (Batt. et Trab.) Diels

Boraginacées **132**

Arnebia decumbens (Vent.) Coss. et Kral.
Echiochilon fructicosum Desf.
Echium humile Desf.
Heliotropium ramosissimum (Lehm.) D.C.
Moltkiopsis ciliata (Forsk.) Johnst. [*Moltkia ciliata*]
Trichodesma africanum (L.) R. Br.

Brassicacées **138**

Anastatica hierochuntica L.
Diplotaxis acris (Forsk.) Boiss.
Diplotaxis harra Forsk. et Boiss.
Eremobium aegyptiacum (Spr.) Hochst. [*Malcomia aegyptiaca*]
Eruca sativa Mill.
Farsetia aegyptia Turra
Matthiola longipetala (Vent.) DC. [*M. livida*]
Morettia canescens Boiss.
Schouwia thebaica Webb. [*Sch. purpurea*]
Zilla spinosa (L.) Prantl.

Capparidacées **149**

Capparis spinosa L.
Cleome amblyocarpa Barr. & Murb. [*Cleome africana*]

Caryophyllacées **151**

Paronychia arabica (L.) DC.
Polycarpaea repens (Del.) Asch. et Schw.
Polycarpaea robbairea (Kuntze) Greuter et Burdet. [*Polycarpaea prostrata*]
Sclerocephalus arabicus Boiss.
Silene villosa Forssk.

Césalpiniacées **154**

Cassia italica (Mill.) Lam [*C. obovata*]

Chénopodiacées **155**

Anabasis articulata (Forssk.) Moq.
Bassia muricata (L.) Asch.
Chenopodium murale L.

Cornulaca monacantha Del.
Nucularia perrini Batt.
Patellifolia patellaris (Moq.) Scott [*Beta patellaris*]
Salsola baryosma (Schult.) Dandy. [*S. foetida*]
Suaedea vermiculata Forssk. [*S. mollis*]
Traganum nudatum Del.

Cistacées 162
Helianthemum lippii (L.) Pers.

Cucurbitacées **163**
Citrullus colocynthis (L.) Schrad. [*Colocynthus vulgaris*]

Euphorbiacées **165**
Euphorbia calyptrata Coss. et Dur.
Euphorbia granulata Forssk.

Fabacées **166**
Astragalus gombo Coss. et Dur.
Astragalus mareoticus Del.
Astragalus vogelii (Webb.) Hutch
Crotalaria saharae Coss.
Lotus glinoides Del.
Lotus jolyi Batt.
Lotus roudairei Bonnet.
Lupinus digitatus Forssk. [*Lupinus tassilicus*l
Psoralea plicata Del.
Tephrosia purpurea (L.) Pers.
Trigonella anguina Del.

Géraniacées **177**
Erodium glaucophyllum (L.) L'Her.
Monsonia nivea (Dec.) Guin. et Sauv.

Lamiacées **179**
Ballota hirsuta Benth.
Lavandula antineae Maire
Marrubium deserti De Noé.
Salvia aegyptiaca L.
Salvia chudaei Batt. et Trab.
Teucrium polium helichrysoides (Diels) Greuter & Burdet

Bibliographie

Principaux ouvrages de référence se rapportant à la région et à sa végétation

Benchelah A.-C. et al., 2006. *Arbres et arbustes du Sahara. Voyages au cœur de leurs usages.* Ibis Press. Paris.

Benchelah A.-C. et al., 2010. *Théodore Monod au Tassili.* Ibis Press, Paris

Boulos L., 1995. *Flora of Egypt Checklist.* Al Hadara Publishing. Le Caire.

Collectif, 2006. *Le livre des déserts. Itinéraires scientifiques, littéraires et spirituels.* (S/direc. B. Doucey). Bouquins. Robert Laffont.

Gast M., 2000. *Moissons du désert. Utilisation des ressources naturelles au Sahara central.* Ibis Press, Paris

Lebrun J. -P. & Stork A. L., 1991-1997. *Enumération des plantes à fleurs d'Afrique tropicale.* 4 vol., Conservatoire et Jardin Botanique de Genève

Leredde Cl., 1957. *Etudes écologique et phytogéographique du Tassili des Ajjer.* Inst. de Rech. Sah., Alger.

Maire P., 1933. *Etudes sur le Flore et la Végétation du Sahara Central.* Mém. Soc. Hist. Nat. M. du Nord. Alger.

Ozenda P., 1991. *Flore et végétation du Sahara.* 3e éd. CNRS Ed.

Quézel P., 1954. *Contribution à l'étude de la flore et de la végétation du Hoggar.* I.R.S. Alger.

Sahki A. et R., 2004. *Le Hoggar. Promenade botanique.* Ed. Esope. Lyon

De nombreux livres ou articles très spécialisés ont été publiés sur le Sahara. Nous avons préféré mentionner ici une série d'ouvrages récents qu'il est facile de se procurer, susceptibles d'apporter des informations aussi bien sur la géologie que la flore ou la faune, la préhistoire ou l'histoire, ou les questions actuelles.

Ag-Sidiyene Ehya, 1996. *Arbres et arbustes spontanés de l'Adrar des Ifoghas.* Orstom-Cirad, Paris.

Claudot-Hawad H., 1993. *Les Touaregs. Portrait en fragments.* Edisud

Collectif, 1994. *Milieux, hommes et techniques du Sahara préhistorique: problèmes actuels.* l'Harmattan.

Collectif, 1996. *La préhistoire de l'Afrique de l'Ouest. Nouvelles données sur la période récente*. Sépia. Paris.

Dragesco-Joffé A., 1993. *Vie sauvage au Sahara*. Delachaux et Niestlé. Lausanne. Dubief J., 1999. *L'Ajjer, Sahara central*. Karthala. Paris.

Foucauld Ch. de, Calassanti-Motylinski A., 1984. *Textes touaregs en prose*. Edisud.

Hachid, M., 1998. *Le Tassili des Ajjer*. Paris Méditerranée. Paris.

Heinzel H., Fitter R, Parslow I., 1972. *Oiseaux d'Europe, d'Afrique du Nord et du Moyen Orient*. Delachaux et Niestlé. Neuchâtel.

Le Berre M., 1989. *Faune du Sahara. Poissons, Amphibiens et Reptiles*.

1990. *Faune du Sahara. Mammifères*. Lechevalier, R. Chabaud. Paris.

Lhote H., 1984. *Le Hoggar. Espace et temps*. Colin. Paris,

Morel A., 2008. *Milieux et paysages du Sahara*. Ibis Press, Paris

Nantet B., 2008. *Histoire du Sahara et des Sahariens*. Ibis Press, Paris

Monod Th., 1988. *Déserts*. Rééd. AGEP. Marseille.

- 1994. *Désert Libyque*. Arthaud.

Quézel P., Santa S., 1963. *Nouvelle flore de l'Algérie et des régions désertiques méridionales*. Ed. CNRS. Paris.

Vérité M., 2010. *Henri Lhote. Une aventure scientifique au Sahara*. Ibis Press, Paris

Rognon P., 1989. *Biographie d'un désert*. Plon.

Nous citerons à part deux ouvrages érudits où l'on trouvera une bibliographie exhaustive dans le domaine :

Bellakhdar J., 1997. *La pharmacopée marocaine traditionnelle*. Ibis Press. Paris.

Boukef M.K., 1986. *Les plantes de la médecine traditionnelle tunisienne*. ACCT. Paris.

Et pour en savoir plus :

Ag-Soliman Alhassane et Walentowitz S., 1996. *Les gens de la parole disent. Proverbes touareg de l'Azawagh*. Kephalonia.

Brosse J., 1990. *La magie des plantes*. Albin Michel.

Goody J., 1994. *La culture des fleurs*. Seuil.

Raynal-Roques A., 1994. *La Botanique redécouverte*. Belin. INRA.

LEGENDES DES PHOTOGRAPHIES

Crédits photos

Ulrich Brand, pp 12, 16, 20 à 22, 148 et 175. Henia Guesmi, p. 59.
Les autres photos sont d'Anne-Catherine Benchelah et de Marie Maka.

Achevé d'imprimer par Pulsio sarl
à Sofia, Bulgarie
en juin 2011